El Poder Del Dolor Es Bello

Tesoros De Mi Vida

Silvia Maldonado

Título: El Poder Del Dolor Es Bello
Sub-título: Tesoros De Mi Vida

ISBN # 978-17362871-63

Para cualquier solicitud, escribe a

silda0607@outlook.com

Primera Edición
Impreso en USA

Dedicatoria

Quiero dedicar este libro…

A mis 3 hijas: a su Dolor, a sus decepciones, a sus desilusiones,

a sus procesos como hijas, como esposas, como madres, como MUJERES

A la vida de mis padres,

quienes con su amor y determinación nos enseñaron a sus hijos

VALORES Y PRINCIPIOS que la adversidad no desaparece

A la vida de cada uno de mis hermanos,

seres maravillosos y únicos

Al compañero de mis batallas en los últimos 13 años de mi vida, siendo el varón que, con su carácter, ha traído balance a mis vivencias.

A cada líder,

a cada servidor social en cada Plataforma de nuestro Sistema, porque deseo hacer conciencia

de la gran importancia de nuestra lealtad y servicio al bienestar de cada familia en nuestra comunidad.

A cada mujer, a cada hombre, a cada niño, a jóvenes y ancianos que vivan o hayan vivido el impacto del alcoholismo,

de la violencia doméstica y de la disfunción familiar...

"Shalom Aleijem" (LA PAZ SEA CON VOSOTROS)

Agradecimientos

Doy primeramente gracias Al Señor Jesucristo

por su Gracia y Salvación,

por el amor, misericordia, fortaleza, perdón, amor y guía

que me ha revelado en todos los caminos de mi vida.

Agradezco a cada una de las personas

que han formado parte de mis vivencias,

y que, haya sido para adversidad o para ser parte de los mejores momentos, cada una ha enriquecido mis procesos y mi crecimiento.

Ampliamente agradezco a mi familia por su apoyo,

amor y paciencia.

Agradezco también ampliamente a la Directora y Fundadora de The Latina Center por su gran amistad, cariño y liderazgo, así como por compartir conmigo el nacimiento de este proyecto.

Agradezco la credibilidad y el apoyo

del Director y Fundador de la editorial

"Confesiones de Una Dama Emprendedora".

E infinitamente te agradezco a ti, TIEMPO,

porque nada llega más tarde ni más temprano, sino cuando es la voluntad de Dios...

CONTENIDO

I

PRÓLOGO

———⟨≈≋≈⟩———

D oy gracias a Dios por darme el privilegio de ser una parte de la historia vivencial de Silvia Maldonado, una mujer que sin duda está dejando huellas de cambio trascendental en la vida de innumerables seres humanos.

Con la gran elocuencia que la caracteriza, Silvia nos narra sus vivencias como niña, adolescente y adulta, con el deseo de que su historia sirva de reflexión sobre la importancia del rol de los padres en la formación de los hijos.

Silvia llegó a este mundo con un propósito; desde temprana edad su talento, dones y precocidad fueron las herramientas que le permitieron enfrentar con resiliencia la experiencia traumatizante del alcoholismo de su padre y la perseverancia de su madre en su lucha por rescatar a su esposo de su adicción.

Como autora de este libro, no escatima en narrar su experiencia de vida, pues sabe que servirá de espejo a otras mujeres, madres, padres, trabajadores sociales, psicólogos y a quienes deseen entender los efectos y consecuencia de la disfunción familiar.

Silvia es una mujer de fe, con gran fortaleza y principios, que usa su experiencia para dar servicio a familias latinas, identificando las señales de peligro que enfrentan las mujeres y los niños, guiándolos hacia un cambio holístico y saludable. Ella aboga por ajustar el sistema en favor de la familia y la comunidad; como conferencista, habla de la importancia de cultivar las virtudes y principios en la familia, y de la necesidad de proteger la integridad de los hijos en un tiempo de des-globalización y gran pérdida de valores.

Como Directora Ejecutiva de The Latina Center a lo largo de 20 años del programa *Mujer, Salud y Liderazgo*, he tenido el privilegio de ver la transformación de cientos de mujeres que descubrieron su gran potencial, y decidieron usarlo en bien de todos; Silvia es una de ellas, líder excepcional y pieza clave del cambio social.

Le invito con entusiasmo a leer este libro; tal vez usted se identifique con la historia de Silvia, o pueda entender la conducta de alguien más.

Miriam Wong, Directora Ejecutiva
The Latina Center. Richmond, California

II

PRESENTACIÓN

———⟨C⊗⊃⟩———

Después de muchos años de cambios, de proyectos, de vivencias y experiencias tanto personales como interpersonales, ha llegado el momento de hacer realidad mi sueño de compartir lo que ha sido una base importantísima de mi transformación, no sólo en cuanto a liderazgo, sino también y sobre todo en cada uno de los roles que Dios me ha puesto como mujer.

No deseo que mi aprendizaje se quede en el silencio; por el contrario, si al menos una sola persona pudiera beneficiarse con mi experiencia de vida, me doy por bien servida.

En estos tiempos tan agitados me he preguntado qué es lo que realmente necesitamos los seres humanos, y he llegado a la conclusión de que la respuesta es muy sencilla: guía y orientación para poder recorrer el camino en esta vida, sabiendo que no estamos solos, que hay otros seres avanzando junto a nosotros, cargados también con la intensidad de sus fracasos, de sus oportunidades, de sus vivencias en general.

Todos estos años en el entorno del Desarrollo Familiar y Social me han permitido apreciar que el sentido fundamental del ser humano es servir a sus semejantes; hay muchos programas, mucho conocimiento académico al respecto, pero en ninguna escuela y en ninguna universidad nos enseñan a tener la congruencia emocional y mental necesarias para articular el rompecabezas invisible que conforma la realidad de cada ser humano.

Como líder comunitaria que he sido durante tantos años, he aprendido a percibir las necesidades más profundas de cada familia que ha llegado hasta mí; todos los días me doy cuenta de la importancia que aprender las cosas sencillas que lamentablemente se han muerto en esta humanidad por nuestra propia la negligencia, por no defender nuestros principios, por no defender la honestidad de las personas y las familias, por no saber cómo desarrollar el potencial que percibimos dentro de cada uno de nosotros.

Dios tiene un propósito para cada persona, y yo voy a hablar del que me ha indicado a mí:

> *-Silvia, debes plasmar tus experiencias como un testimonio para tus tres hijas, como una forma de honrar a tus padres, como una oportunidad para galardonar a tus hermanas y orientar a tus sobrinos, pero sobre todo como una fuente de transformación en el liderazgo, porque se necesita liderazgo para poder defender y rescatar lo bello que le he dado a la humanidad.*

Enfocado desde el liderazgo transformacional, este libro constituye mi aporte a la creación de una mayor conciencia tanto familiar como personal y social.

…Si mis palabras te generan empatía, será una bendición…

…Si te funcionan como una herramienta, será también una bendición…

...Si te llevan a reflexionar sobre la manera en que estás llevando tu vida, va a ser igualmente una bendición...

Mi deseo es brindarte una herramienta que haga más funcional tu vida al servicio del amor.

Con todo mi afecto,

Silvia

1

Crecer antes de tiempo

———— ⬡ ————

"Nadie está preparado para enfrentar el Dolor, pero él te
prepara para un crecimiento…"

Silvia Maldonado

Nadie sabe el cómo y el porqué de los planes de Dios para cada quien; en cuanto a mí, eligió una combinación bien curiosa: soy hija de mexicanos, pero nacida en los Estados Unidos.

Mi mamá quedó embarazada de mí al poco tiempo de casarse con mi papá; ella decidió venir a los Estados Unidos a visitar a mi tío y a mi abuelita, y había planeado regresar a México a principios de enero, pues yo debía nacer para los finales de febrero. Sin embargo, el 31 de diciembre comenzaron los dolores de parto, y fue así como vine al mundo el 2 de enero de 1971 en territorio norteamericano.

Una de las razones por las cuales mi mamá se vino a los Estados Unidos fue porque, estando recién casados, mi papá empezó a tomar; según lo que ella misma nos contó, antes de eso mi papá era un excelente deportista, no fumaba ni bebía, pero exactamente el día de la boda sus hermanos lo obligaron a tomarse unas copas, y desde entonces, no volvió a dejar el licor.

Mi mamá comenzó a notarlo cuando ya estaba embarazada de mí; obviamente mi papá seguía trabajando y haciendo sus cosas, pero literalmente vivía como dicen, "pegado a la botella".

Cuentan que desde siempre fui una niña inquieta y muy precoz; eso era muy positivo para algunas cosas, pero para otras no tanto… Desde que tenía 4 años me di cuenta del problema de mi papá con el alcohol; había cosas que yo aún no comprendía, pero sí percibía algo extraño en su energía y eso me daba miedo…

Creo que por eso me he dedicado a ayudar a las familias, y en especial a los niños, pues sé lo que es pasar por ese infierno.

Mi madre era maestra con 3 títulos; muy preparada, muy sabia, muy amorosa, muy entregada a sus hijos; sin embargo, también tenía sus propios traumas, pues sus padres se divorciaron cuando ella aún era una niña y mi abuelo prácticamente los abandonó; por eso, a pesar del alcoholismo de mi papá, ella se negaba a dejarlo.

-Yo no quiero que mis hijos sufran lo que yo sufrí- solía decir.

Se dedicó a ayudar a mi papá de mil maneras, y yo tuve que adaptarme y crecer antes de tiempo; a los 4 o 5 años, un niño sólo debe ocuparse de ser niño, aprender a atarse las trenzas de los zapatos o a cepillarse los dientes; en cambio, yo me sentía responsable de la integridad de mi mamá. Ella no estaba en condiciones de enfrentar el alcoholismo de papá, y creía que mantenerse a su lado era lo mejor para nosotros; no podía ver nuestro corazón para saber lo que nosotros como niños sentíamos o necesitábamos.

No es lo mismo crecer sin un padre que crecer al lado de un padre alcohólico; cuando papá estaba sobrio era un ejemplo a seguir: un gran proveedor, un amoroso cuidador que nos enseñaba principios muy importantes; por eso era tan doloroso ver su transformación bajo los efectos del alcohol: se volvía agresivo y actuaba como si nosotros lo atacáramos, en especial mi mamá; por eso arremetía contra ella.

A pesar de todo esto, mi hermana y yo fuimos muy buenas estudiantes; siempre estábamos sobresaliendo, y hasta nos adelantaron dos años en la escuela. Nos pasaron a primer año cuando debíamos estar en kínder, y mientras los otros niños de nuestra edad aprendían los colores y las primeras letras, nosotras ya sabíamos leer.

Como todo niño que crece en un hogar disfuncional, yo tenía dos mundos: uno en el que era feliz y me sentía amada, y otro gris que surgía cada vez que mi papá se transformaba y yo no lo podía comprender; así es como

11

surgen en la niñez los conflictos emocionales y psicológicos que a la larga se convierten en traumas, porque no entiendes cómo una persona que sabes que te ama, al mismo tiempo te esté haciendo daño.

Cuando mi papá se ponía violento, mis hermanos se encerraban en la recámara; en cambio, yo no podía irme a la cama pensando que mi papá le fuese a hacer daño a mamá, o que incluso se hiciera daño él mismo, así que me quedaba y lo veía todo.

- Hijos- nos decía mamá- Disculpen a su papá... Dios lo va a ayudar, Dios nos va a ayudar... ¡Él lo va a cambiar...!

Entré en un círculo vicioso, porque no me atrevía a irme y dejar a mi mamá sola con mi papá, y entonces tenía que presenciar esas escenas tan terribles; comencé a sentir una profunda desconfianza por las personas en quienes más debía confiar.

Mi madre y yo regresamos a México 11 meses después de mi nacimiento, cuando aparentemente ya mi papá se había restablecido; ellos se reunieron de nuevo y como resultado de esa reconciliación llegó mi segunda hermana.

Cuando ella cumplió 5 años, mi mamá se embarazó de mi siguiente hermano; para ese entonces mi papá se había rehabilitado, pero luego volvió a recaer, y esta vez no paró de beber durante 23 años. Muchas veces nos preguntamos el porqué de todo lo que nos toca sufrir en la vida; ahora, después de 50 años, lo entiendo: se trata de un entrenamiento, una preparación para el papel que vamos a desempeñar después.

El liderazgo tiene una cara oculta, que es el servicio a los demás; es la respuesta a un llamado espiritual. Yo me propuse estudiar mis cinco generaciones pasadas, y me encontré con rasgos y situaciones que hoy veo manifestadas en mí; ahora sé que nací para ser líder, nací para hablar y para ser escuchada, y eso ya se manifestaba desde mi infancia, pues en la escuela siempre me buscaban para hacer las oratorias, porque a todos les gustaba la forma en que yo hablaba y me expresaba.

Todos me veían como una niña muy autosuficiente, muy elocuente, muy libre, capaz de conectar sus pensamientos con sus emociones y viceversa; esto es importante, porque también hay un conocimiento vacío, desligado de lo emocional, que opaca la realidad del ser humano y por lo tanto resulta peligroso.

Yo era una niña multifacética, pero mi espíritu sensible sufría terriblemente en medio de aquella situación, con un padre alcohólico que se emborrachaba todos los días al regresar de trabajar. Cuando yo veía que se tomaba la primera cerveza, ya sabía que esa iba a ser una noche larga; pasaba horas en vela viendo aquellos espeluznantes episodios de violencia, y al día siguiente me iba a la escuela con una tremenda carga emocional.

De chiquitas, mi hermana y yo éramos muy apegadas a mi papá, pero a medida que fui creciendo empecé a sentir rechazo por él; cuando eres niño, aún no tienes madurez emocional, así que diriges tu rabia hacia la persona y no hacia la situación.

Me aferré al estudio como un instrumento que me permitiría tarde o temprano hacer justicia ante los atropellos de mi papá; afortunadamente mi madre percibió eso en mí y me ayudó a canalizarlo de forma creativa, pues de lo contrario tal vez todo ese ímpetu se hubiera convertido en un impulso autodestructivo.

-A esta niña tengo que mantenerla ocupada- explicaba.

Se encargó de buscarme actividades que yo pudiera desarrollar después de la escuela; fue así como desde los 10 años aprendí a tocar la guitarra y a cantar en náhuatl, y a mis 11 años fui pionera del grupo de Amalia Hernández, que en aquel momento se llamaba "Flor y Canto de la Ciudad de México".

En general yo era bastante tímida, pero siempre fui muy extrovertida en el escenario, tal vez porque yo sabía que desde allí estaba compartiendo, haciendo reflexión, enseñando algo positivo; esa era mi terapia, y creo que por eso nunca vi el arte como una carrera, sino que para mí era algo natural, sin presunción.

En la escuela yo era la alumna modelo; eso era emocionante, pero al mismo tiempo era visto por mis compañeros como una forma de competencia, y comenzaron a hacerme bullying. A pesar de ser más chica, mi hermanita siempre venía en mi auxilio, pero luego me cuestionaba, porque yo no me había defendido.

-Yo no pienso como ellos-le decía- No voy a hacer algo que yo sé que no está bien... No voy a buscarme un problema lastimando a alguien... Ellos me hacen bullying porque están enojados: yo tengo puras A, en cambio ellos... pobrecitos! tienen puras F...

Estaba demostrando una de las cualidades del liderazgo, porque en el momento de las dificultades, yo era capaz de razonar. Tenía 9 años cuando aprendí una gran verdad: la gente te propone, la gente te ataca, la gente te da... pero la última palabra sobre cómo accionar y reaccionar, la tienes tú.

No es común que una niña de esa edad tenga ese autocontrol, pero yo lo tenía, y ahora como adulta experta en familia puedo afirmar que hay más niños con esa capacidad de lo que podemos imaginar; es algo que compruebo día a día: los puedo identificar, porque me veo reflejada en ellos; sé cómo es, porque yo lo viví.

Cuando llego a una casa a hacer un diagnóstico, sólo me basta con ver la cara de la gente y mirar un poco alrededor para saber cómo son y cómo viven; no me lleva más de 3 minutos adivinar si en ese hogar se sufre de violencia doméstica o abuso infantil.

He tenido la oportunidad de prepararme ampliamente en desarrollo infantil, familiar y social, pero lo que me permite detectar, intuir y descubrir la situación socioemocional de cada familia es la identificación que yo puedo experimentar con las personas a partir de mi propia experiencia; ese es el poder que me han dado el dolor y la pérdida, y por eso siempre afirmo que dentro de ellos se esconde una cierta belleza.

2.

Entre la luz y la oscuridad

———————⊂∞⊃———————

"De las experiencias de la vida,
se toma lo Bueno y se desecha lo Malo…"

Silvia Maldonado

Mi abuela fue madre soltera, pero trabajó muy duro lavando y planchando para darle estudios a mi madre, y ella afortunadamente lo supo aprovechar; de ambas aprendí que la condición económica no es impedimento para lograr las cosas.

En aquel tiempo no era necesario haber terminado la universidad para ser maestro, sino que podías estar haciendo las dos cosas al mismo tiempo, y eso fue exactamente lo que hizo mi mamá: a los 20 años ya era maestra, y pudo hacerse cargo de mi abuela.

Silvia Maldonado

Mamá había estudiado pedagogía y sabía perfectamente lo que hacía, pues nosotros ya veníamos con un trauma por el alcoholismo de mi papá, en especial mi hermana y yo, y por eso siempre se esforzaba en buscar alternativas a la violencia que en mi casa se estaba viviendo. Cuando cumplí 12 años mi mamá habló con una amiga suya que era directora de un instituto para secretarias ejecutivas, y me inscribió para estudiar secretariado.

A los 13 años ya había terminado mi carrera con las mejores calificaciones del instituto, pero de nada me valió, ya que la edad mínima requerida para graduarse era de 15 años, y por eso no me quisieron dar el título. Sin embargo, me dieron un premio: me regalaron mi máquina de escribir, otra aparte de la que mi mamá y mi papá me habían provisto; también me hicieron un video demostrativo para usar en las clases.

Yo me había estado preparando para entrar a la secundaria en Ciudad de México, y fui la única en obtener un 100%; sin embargo, mis padres habían tomado la decisión de moverse a Guanajuato, buscando un clima que favoreciera la salud de mi hermanito, quien padecía de un asma severa desde que nació.

Para poder continuar con nuestros estudios, mi hermana y yo convencimos a mamá de que nos permitiera vivir con el abuelo (sí… el mismo que la abandonó en su infancia); él se haría cargo de nosotras durante los 9 meses que faltaban para terminar el año escolar.

Mi abuelo era abogado y Juez de la 4ta Mesa del Distrito Federal; cuando se enteró del infierno que vivía mi madre, le dijo:

-Deja a ese hombre, divórciate… Te doy una plaza completa, con beneficios para ti y para los niños; te doy una de las casas que tengo y te pongo hasta un carro en la puerta, pero déjalo…

Entonces, mi mamá le contestó:

-Yo no voy a vivir nuevamente lo que ya viví sin ti; mis hijos van a tener a su padre, y yo voy a pelear por eso.

Mi abuelo fue tajante:

-Pues, pelearás sola; conmigo no cuentes. Yo te ayudo si lo dejas, pero mientras estés con ese cuate no te doy ni las buenas tardes. ¡Ahí te las ves!

Y así fue.

Cuando llegamos a su casa para quedarnos con él, nos recibió con estas palabras:

- A ver señoritas... estas son sus obligaciones: además de la escuela, ustedes aquí van a hacer esto, esto, esto y esto, de tales horas a tales horas...

A mi tocaba lavar los trastes y limpiar la cocina todos los días; también me tocaba lavar la ropa de todos, y mi hermana se hacía cargo de la limpieza general.

Yo estaba comenzando mi adolescencia, iba para la secundaria, y por primera vez iba a estar lejos de mi mamá; eran muchos cambios que en condiciones normales hubieran entusiasmado a cualquier jovencita de mi edad, pero a mí me generaban un gran desasosiego. Comencé a sentir un vacío espiritual que no sabía cómo llenar.

Por su parte, mi mamá seguía buscando apoyo para mi papá; lo llevaba a todos los sitios posibles para ayudarlo a que dejara de tomar. Nosotros éramos católicos, y en aquel entonces estaba en plena efervescencia el movimiento Carismáticos dentro de la Iglesia; mi mamá llevó a mi papá a donde los sacerdotes, pues se suponía que le iban a enseñar la verdadera posición del hombre en el hogar.

Otro día le recomendaron los servicios de una curandera, porque supuestamente un hombre había dejado de tomar de la noche a la mañana con sus limpias y sus agüitas. | Yo me ofrecí a acompañarla, y cuando llegamos a ese lugar, la mujer al verme le dijo a mi mamá:

- ¿Quién es ella?

-Es mi hija la mayor.

La mujer me miraba fijamente, y yo le sostenía la mirada.

-Esta niña tiene una fuerza espiritual muy fuerte... Ella tiene habilidades que no cualquier persona tiene; yo te puedo ayudar para que las desarrolle... Conmigo ella puede aprender todo esto que yo voy a hacer contigo ahora...

Cuando la mente, el espíritu y el cuerpo están conectados, uno empieza a percibir, y yo pude darme cuenta de que allí se manifestaba una fuerza negativa. Sin apartar mis ojos de aquella señora, le dije a mi mamá:

-Vámonos... Esta mujer es mala; esto no le va a servir a mi papá.

Mi madre seguía buscando cursillos para ayudar a mi papá; ella necesitaba un aliciente, algo que le permitiera seguir creyendo que podía rescatar a mi papá de su adicción; sin embargo, él no dejaba de tomar, y cada vez parecía que le estaban inyectando más alcohol, lo cual me desconcertaba y me enfadaba, al punto que llegué a retar a Dios:

-No sé si existes o no, pero mi mamá siempre me está diciendo que tengamos paciencia, que Tú vas a cambiar a mi papá... Lo cierto es que tenemos años y años esperando, y Tú no haces nada...

Así estaba yo, casi para entrar a la preparatoria, cerca de cumplir mis 15 años y con una rebeldía recién descubierta que no estaba dispuesta a abandonar. Me había convertido en una adolescente aguerrida que no se callaba nada de lo que pensaba y de lo que sentía.

En la secundaria volvía a ser la mejor estudiante, y me convertí en Presidenta Estudiantil; siempre he sido muy buena planeando y coordinando, así que empecé a organizar eventos de recaudación de fondos para la escuela y comencé a perfilarme como activista, primero en la escuela y más adelante en la comunidad, trabajando muy de cerca con los padres, con los maestros, y con las autoridades.

Mientras tanto, mi mamá no se cansaba de decirme:

-Hija, tu papá va a cambiar...

Yo comencé a revelarme contra ella también:

-¡Párale ya con eso de que mi papá va a cambiar, que Dios lo va a cambiar! Él no va a cambiar porque no quiere, y por lo que veo, tú tampoco; creo que a ti te gusta estar mal.

Mucho tiempo después pude comprender que mi mamá estaba atrapada en una relación de codependencia con mi padre, producto de sus propias carencias afectivas, y esto era lo que le impedía buscar una salida; por el contrario, se iba desdibujando, mientras dedicaba todos sus esfuerzos a intentar salvarlo.

Una mujer que dedica su vida a "rescatar" a su marido alcohólico puede verse como una heroína ante los ojos de la mayoría de las personas; sin embargo, por extraño que parezca, esa conducta en realidad es anormal, pues la única forma de curar a un adicto es que él mismo tome conciencia y realice los cambios que necesita en su vida para mejorar.

La codependencia es como intentar salvar a alguien que se ahoga, cuando uno todavía no sabe nadar: lo más probable es que ambos terminen en el fondo del lago.

En el caso de mi familia, las cosas tendían a complicarse mucho más debido a la conducta violenta de mi padre, que desintegró nuestro respeto de hijos hacia él.

3

Rompiendo la crisálida

—————⊂⊗⊃—————

"Una de las virtudes más grandes del Dolor
es el Amor..."

Silvia Maldonado

Cuando una persona padece de alcoholismo, en realidad enferma a todo su núcleo familiar; nosotros no ingeríamos alcohol, pero padecíamos la fractura moral, afectiva y social tanto o más que mi papá, pues en el fondo nadie nos respetaba debido a su conducta.

En mi casa la situación era cada vez más difícil, y yo como adolescente perdía cada día un poco más de credibilidad en lo que era la estructura familiar. Amaba profundamente a mi madre, pero sus decisiones como mujer me habían defraudado, pues a mi modo de ver, no tenía una perspectiva correcta de lo que realmente nos debía enseñar; para mí era inconcebible que su ejemplo de vida fuera permanecer al lado de un hombre que la golpeaba; aquello se me hacía imposible de admitir.

Estaba muy conflictuada; mi mamá se había convertido en el vivo ejemplo de la mujer que yo nunca querría ser: bonita, inteligente, preparada, con todo en sus manos para ser independiente, y aun así se mantenía anclada a un matrimonio sin sentido.

Comencé a confrontarla:

- Yo no quiero vivir una vida como la tuya; por mi propio bien, no puedo aceptar ninguno de tus consejos.

Con el tiempo he podido comprender que esa imposibilidad de mi mamá para salirse del círculo vicioso que vivía con mi padre seguramente se originó durante su infancia, debido al comportamiento de mi abuelo. Ella creció como una niña sin autonomía, que nunca pudo expresar su verdadera voluntad, y la única forma de sentir que estaba haciendo lo que ella por fin había decidido pasaba por llevarle la contraria a su padre; de esa manera se condenaba y nos condenaba a todos a vivir en ese infierno que sobrellevaba callada, como cuando en su infancia seguramente no se atrevía a expresar sus verdaderos sentimientos por temor a las represalias de mi abuelo.

Cuando una persona se preocupa más por los demás que por sí misma, al punto de poner en un segundo plano sus propias necesidades, está dando muestras de un desequilibrio emocional y psicológico que requiere atención. En el caso de mi madre, en varias oportunidades algunas personas le sugirieron buscar ayuda profesional, pero ella se negaba diciendo que quien estaba enfermo era mi papá; la acción correcta en medio de la situación que vivíamos como familia hubiera sido alejarnos de él, pero ella no lo entendía porque también estaba enferma: era adicta a su propia necesidad de sufrir.

Tal vez lo único que hubiera sacudido a mi padre lo suficiente como para que se cuestionara a sí mismo hubiera sido el distanciarse de él, y si no lograba curarse, por lo menos hubiera roto el círculo de violencia que existía entre ellos; en cambio, al decidir quedarse, su mensaje encubierto era:

-No importa… Sigue bebiendo, sigue golpeándome, que yo siempre estaré aquí, porque necesito ser maltratada para sentirme segura.

Hago constar que para ninguna mujer que esté viviendo en un círculo de violencia doméstica es sencillo descubrirse a sí misma, sus pensamientos, sus comportamientos de codependencia, y por ello los categoriza como amor incondicional a sus hijos y al bienestar familiar, pero en realidad es al revés.

Tal vez mi inclinación hacia el liderazgo y el trabajo social se debió a mi necesidad de actuar en entornos y situaciones ajenos a mí, en los que sentía que sí podía influir, porque en mi propia familia era imposible lograr que algo cambiara; lo más indignante era ver las escenas de reconciliación después de las golpizas: mi mamá siempre encontraba la manera de darle un giro a los hechos para justificar lo sucedido, pero como yo siempre me quedaba en medio del conflicto para defenderla, a mí no podía engañarme.

Perdí la capacidad de apreciar a mi padre, pues incluso en sus cortos períodos de lucidez me resultaba imposible olvidar el monstruo que se escondía detrás de esa dulce sonrisa. Ya no sabía cuál de los dos era él realmente: si el hombre benévolo y adorable que despertaba desconcertado después de las borracheras, o la bestia que arremetía contra mi madre cada vez que el alcohol le borraba la conciencia.

La bebida afecta al sistema nervioso, y por lo tanto modifica la personalidad; el alcohólico deja de ser él mismo y se convierte en dependiente de las substancias que le alteran, pero sólo es consciente de ello al día siguiente, cuando la resaca y la cara de reproche de sus seres queridos le indican que una vez más, perdió el control.

El mismo sentimiento de culpa hace que la persona vuelva a beber para olvidar el remordimiento, y así se repetirá la misma situación, una y otra vez. Es lógico que ante la imposibilidad de superar este ciclo, esta persona se va cargando de tensiones y una gran frustración que termina descargando sobre sus seres más cercanos; en el caso de mi padre, el blanco siempre fue mi mamá.

Estando en el último año de mi preparatoria me inscribí para estudiar un técnico en Contaduría Pública; acababa de cumplir mis 14 años y la situación económica en mi casa se había vuelto mucho más difícil; tanto, que estuvimos a punto de convertirnos en homeless.

Al ver ese panorama le dije a mi mamá:

-Déjame trabajar…

Ella en efecto me lo permitió, pero lo hizo para que yo tuviera algo nuevo en qué ocuparme, más que por el dinero que yo pudiera ganar.

Mi primer trabajo fue en el "Oshiro", un restaurante japonés; allí me pusieron en el cargo de Hostess, es decir, yo era la encargada de verificar las reservaciones de las mesas y de recibir a los comensales, conducirlos a sus lugares y servirles el agua. Lo que más me gustaba de este trabajo era que tenía que vestirme de geisha, y para eso tenía que llegar siempre 1 hora antes, pues la mamá del dueño era la encargada de prepararme: tenía que ponerme mi kimono rojo y mis suecos japoneses, pintarme el rostro y recogerme el cabello con dos enormes agujas de tejer.

El restaurante estaba como a unos 15 minutos de donde vivíamos; yo estudiaba en las mañanas y salía de clases a las 3:00 de la tarde; llegaba al restaurant entre 5:00 y 5:30 y salía a las 10:00 de la noche, durante 4 días a la semana.

En mi último año de preparatoria, cursando la contaduría pública técnica, conocí a una joven casada con un potentado de Irapuato; él era Director de la Cámara de Comercio, Director de Hotelería y Turismo en Guanajuato, dueño de dos hoteles, un restaurant y una torre de negocios con un cine... ¡En fin! Un empresario de renombre.

Nos hicimos muy buenas amigas; ella tenía muchos problemas emocionales y de familia, pues al igual que yo, venía de un hogar violento y disfuncional.

Su esposo era un hombre bueno, pero no aceptaba a la familia de su esposa y procuraba más bien alejarla de ellos; como resultado, ella estaba sufriendo por ambas partes.

Aquella muchacha pobre que vivía atrapada en un círculo de violencia doméstica se convirtió en millonaria de la noche a la mañana; su esposo además quiso que ella estudiara contabilidad para introducirla en la administración de sus negocios; estaba muy enamorado, ella era su princesa.

Yo le preguntaba:

- Pero... ¿Qué es lo que te falta? ¿Por qué no te sientes feliz?

-Silvia... Yo tengo una vida increíble al lado de mi marido, pero la condición para casarnos fue que nada de lo que disfruto lo puedo compartir con mi familia, a menos que trabajen para merecerlo. Ellos siguen padeciendo carencias y necesidades y yo no puedo ayudarlos, porque mi esposo dice que se tienen que responsabilizar por su situación.

Yo le respondí con sinceridad:

-Si quieres saber mi opinión, me parece lo más correcto y lo más justo que he escuchado. Tu esposo podría haberle llenado las manos a tu familia con dinero o con posesiones para ganarse tu amor, pero eso a la larga sólo les haría un daño, porque nunca sentirían la necesidad de cambiar. Él no está equivocado; te está cuidando, y aunque no lo creas, les está dando una gran lección. Mejor concéntrate en ti misma y en tu matrimonio, y deja que tu familia crezca y madure ...

De pronto descubrí que todo el dolor de mi propia vida me había empoderado, dándome las herramientas para iniciarme en el camino del liderazgo transituacional; esto no significaba que yo tuviera una vida perfecta ni que fuera yo un modelo a seguir, sino que mi experiencia incompleta completaba la debilidad de otros, y eso me hacía más fuerte.

Sentí que las debilidades que yo veía en mi familia eran precisamente lo que me permitía sostenerla a ella; cuando descubres que naciste para servir a los demás, das todo lo que está en tus manos, pero al mismo tiempo te sirves a ti mismo; esa es la magia de la entrega y la intervención en las relaciones humanas.

A mis 17 años, estando en el penúltimo año de la prepa y de la contaduría pública, mi amiga me dijo un día:

-Por favor, búscame tú las notas; yo mando a alguien por ti y que luego te lleven a tu casa… Es que a mi esposo se le fue el asistente del contralor y está todo atareado con eso. Yo lo estoy ayudando, pero no tengo cabeza para esto Silvia…

-Sí, yo te llevo eso- le respondí.

Cuando llegué a entregarle sus notas, conocí a su marido; él nos escuchó platicando y se acercó a hablar conmigo:

-A ver Silvia, ¿entiendes esto?... ¿y esto? ... ¿y esto otro?

¡Claro! - le respondí- esto es así, y así y así...

Ahí se dio cuenta de que yo era buena en contabilidad y me propuso trabajar con

él.

¿Qué tendría que hacer? -le pregunté

-Se me ha ido mi contralor, y ya que tú estás en el último año te puedo contratar para que te encargues de todos esos asuntos...

-Pero yo ya tengo otro trabajo, en un restaurant...

-Te doy tres días para que les digas que tú ya empiezas aquí.

Fui a hablar con el dueño del restaurant y le expliqué la situación:

-Señor, lo siento, pero yo necesito apoyar más a mi familia…

Él me respondió:

-Tienes todo el derecho hija … ¡Te felicito! Mándame todos los clientes que puedas, yo sé que allá vas a tener muy buenas conexiones…

Empecé en mi nuevo trabajo ganando un muy buen sueldo; sentía una gran satisfacción al ver que podía desempeñarme muy bien con lo que había aprendido.

Meses más tarde, mi nuevo jefe me hizo una interesante propuesta:

-Silvia, recuerdo que tú antes estabas trabajando en un restaurante… Fíjate que yo también tengo uno, y necesito a alguien que se encargue de coordinar las actividades allí… ¿Por qué no me ayudas? Lo que necesito es que me organices un evento para las fechas importantes, y yo te doy un porcentaje, un pago extra, aparte de la contabilidad.

Así lo hice, y modestia aparte, preparé los mejores eventos que se hicieron en ese lugar.

Una de las cosas que más me ha ayudado a progresar en mi vida es que las personas siempre han valorado mi honestidad; en mi familia había muchos problemas internos, pero a pesar de eso, ni mi hermana ni yo fuimos unas libertinas, porque mi mamá nos tenía un horario y unos principios muy estrictos.

Durante el día podíamos hacer mil cosas, pero el trato era entrar a la casa a más tardar a las 10 de la noche, y cuidadito si nos tardábamos un minuto más.

-Después de esa hora, una mujer que esté en la calle pierde todo su valor- nos decía mi madre.

Ella estaba conmigo donde yo estuviera; no importaba si yo era la gerente, la contadora, la jefa de protocolo... Desde que yo era niña, había sentido que la autoridad de mi madre venía de su peso moral; ese es el único y verdadero estimulante del respeto, y era precisamente lo que mi padre había aniquilado con su vicio y su actitud.

4

Los extremos se tocan

———————⧓———————

"No porque no veamos algo,
no existe..."

Silvia Maldonado

No importa lo que esté sucediendo en tu hogar: los principios, la educación y la cultura se aprenden en casa. A pesar de que mi familia era bastante disfuncional, mis padres encontraron una forma eficiente de hacer las cosas: de mutuo acuerdo, mi mamá era quien llevaba las riendas y tenía la autoridad.

Gracias a la tormentosa situación entre ellos, yo fui una muchacha muy seria; incluso podría decir que era un poco amargada; no me gustaban las discotecas ni las fiestas, y si me enviaban flores las echaba a la basura sin siquiera tomarme la molestia de averiguar quién las enviaba; todo lo que tuviera que ver con relaciones de pareja no eran más que pérdidas de tiempo para mí.

Con sólo 17 años ya era la contralora del Director de Hotelería y Turismo; todos me conocían, pero también todos me odiaban, pues yo era la encargada de ir a los hoteles y restaurantes que no pagaban las cuotas que tenía que recibir la asociación, y no llegaba con rodeos ni haciendo concesiones; mis términos eran otros:

-Si no paga para tal fecha se le va a quitar la licencia de operación...

Conocí el poder siendo muy chica, pero gracias a Dios tuve una madre prudente y diligente que me enseñó a manejarlo; a esa edad, con mi corazón cerrado, incapaz de creer que un hombre pudiera cuidar de mí o de mi vida, hubiera sido muy fácil perderme; afortunadamente ella supo guiar con sabiduría mis necesidades emocionales y mentales como mujer, y me ayudó a vislumbrar un futuro distinto para mí, proyectando mi liderazgo desde muy joven. Me enseñó que el trabajo continuo y persistente da buenos frutos.

Ahora puedo identificar el dolor y la impotencia que se sienten al ver a tus seres queridos, tus padres, tu familia, sufriendo las consecuencias del alcoholismo, de la violencia doméstica, del abuso infantil… Nosotros como niños fuimos abusados, emocionalmente, mentalmente y hasta físicamente, porque las personas a nuestro alrededor veían que la vida de mi padre divagaba en la nada, y por eso se tomaban el derecho de hacer con nosotros lo que les viniera en gana, sabiendo que, por incapacidad o por negligencia, igual nadie nos iba a defender.

Si… Leíste bien: *negligencia* ; de eso hubo bastante también. Mi mamá tuvo que pasar de largo ante muchas cosas para mantener su rol de esposa y madre en un hogar fracturado; comprendo sus razones y le agradezco su amor y sus buenas intenciones, pero eso no funcionó en todos los casos. El mantenernos unidos a mi padre con su adicción al alcohol no fue lo correcto, y el precio que pagamos por esa supuesta "estabilidad" familiar fue muy alto.

La violencia domestica no afecta sólo el momento presente, sino que distorsiona tu pasado y marca también tu futuro; hoy en día sé que defender tu valor como mujer no puede significar ir por encima de tu dignidad, en ningún aspecto.

En aquel entonces yo tenía el dinero, el conocimiento y el poder, pero no tenía la madurez, y el ser humano no puede brincarse los ciclos naturales que Dios ha establecido para su desarrollo; por muy grande y madura que yo me creyera, la realidad era que no tenía sino 17 años.

Siempre estamos en la búsqueda de algo que nos empodere; podemos convertirnos en esclavos de nuestras debilidades, o convertirlas en herramientas para el éxito, y eso es lo que ocurre con el inmenso poder del dolor: en lo más bajo de sus profundidades descubres que sólo tienes dos opciones: inclinarte tantito y dar el brinco más largo de tu vida para salir, o acostarte ahí mismo y secarte.

Por eso vemos que tanta gente cae en el consumo de drogas y sustancias tóxicas, o terminan convertidos en antisociales, asesinos, rateros, narcotraficantes... Todo por no saber o no atreverse a saltar.

Seguí en aquel trabajo durante un buen tiempo, y tengo que reconocer que me fue de maravilla; mi jefe siempre fue muy amable, y su esposa nunca se comportó como mi patrona, sino como mi amiga; yo le ofrecí un espacio de confianza para conversar, para desahogarse, para encontrar la paz que ella tanto necesitaba.

Es fascinante darnos cuenta que aunque habitamos en el mismo mundo, cada uno lo percibe de un modo particular, de acuerdo con su coeficiente intelectual y emocional.

Trato de ser coherente con la forma en que Dios ha impactado mi vida, impulsándome a educar a las familias y orientar a las personas; puedo sentarme con alguien y sencillamente escucharle sus penas durante una hora... dos... tres... ¡Las que sean necesarias! Sé que de ese modo estoy generando un efecto positivo en esa mente y en ese corazón, y eso para mí no tiene precio ni límite; sin embargo, sé que lo común es que la mayoría de las personas prefieran ignorar el sufrimiento ajeno:

- ¿Por qué tengo yo que escuchar los problemas de este, si ya tengo bastante con los míos? ¿A mí qué me importa eso?

Ese es precisamente el detalle: no es que los problemas de los demás nos importen; ¡es que formamos parte de ellos!

No nos entendemos, porque vemos las mismas cosas de maneras distintas; por eso siempre digo que el secreto para cambiar el mundo radica en las relaciones humanas. Los seres humanos hemos sido creados para relacionarnos, y es así desde que nacemos; en eso consiste la humanidad de la gente, y para mí fue algo muy difícil de entender, pero al mismo tiempo fue el aspecto más importante para desarrollar mi liderazgo, gracias al poder de palabra y la escencia que Dios me dio.

En aquella época viví experiencias muy enriquecedoras y aprendí lo que es gozarse las responsabilidades, pero al final del día siempre me estrellaba con la realidad: acababa de cumplir 18 años, mi papá estaba cada vez más metido en el alcoholismo y mi mamá seguía a su lado sin reaccionar; por eso me fui rebelando, y en un intento desesperado por hacerla entrar en razón, le puse un ultimátum:

-Si tú sigues al lado de una persona alcohólica, es porque no te preocupan tus hijos... Te lo advierto: si tú no dejas a mi papá, me voy a largar de aquí con el primero que pase y te las vas a ver tú sola...

Aun así, mi mamá no dejó a mi papá, y yo cumplí mis amenazas con el llamado

"amor a primera vista". Lo conocí cuando yo era la contralora del Director de Hotelería y Turismo; él tenía 7 años más que yo, y la verdad es que se me hacía antipático, vanidoso y egocéntrico, pues como todo buen músico, siempre era asediado por las mujeres.

Sin embargo, por cosas de la vida, me hice muy amiga de una de sus hermanas y de su hermano menor; así fue como empecé a coincidir con más frecuencia con el que sería el padre de mis hijas.

Un buen día él me dijo:

-Yo no sé por qué estamos enojados usted y yo, pues ni usted me ha hecho algo malo, ni yo a usted ... En vez de odiarnos, ¿por qué mejor no nos casamos?

Yo le respondí sin pensarlo:

-Sale!

No hubo cortejo, no hubo anillos, ni ninguno de esos protocolos de compromiso y unidad bi-familiar que en ese tiempo ni me importaban; total, lo que hicimos fue casarnos por "amor a primera vista", sin ningún plan de vida y menos aún con algún compromiso ante Dios, hecho que marcaría el destino de nuestro matrimonio.

Cuando uno verbaliza, uno atrae; somos creadores de realidades. A mí se me había metido en la cabeza darle una lección a mi mamá, y lo estaba logrando, aunque el precio fuera mi propia felicidad.

A mis 18 años yo estaba completamente desorientada en ese aspecto; lo único que tenía claro era que no quería continuar viviendo entre alcoholismo de mi padre y el círculo de violencia que esto generaba en mi casa. Busqué un escape y creí encontrarlo, aunque lo único que hice fue cambiar de prisión; más tarde comprendí que mi vacío existencial sólo se podía llenar con mi propia verdad.

Por eso insisto tanto en que nadie puede alterar las etapas humanas que Dios ha establecido; por muy adelantada, madura y disciplinada que yo fuera para muchas cosas, no tenía la madurez emocional para decidir correctamente en cuanto a mis relaciones; por el contrario, estaba actuando desde el dolor de mis heridas, y lo peor es que no podía darme cuenta.

Nunca he negado que me casé por razones contrarias a lo que realmente es el matrimonio: un pacto de amor ante Dios y con la persona amada.

Vi el dolor de mi madre y creí que había logrado mi objetivo, porque mi matrimonio fue un golpe que le dolió muchísimo; cuando los papás de mi prometido fueron a pedir mi mano, ella de una vez les respondió:

- ¡No la doy! Porque sé que mi hija no se está casando por amor, ¡y pues no la doy!

Y yo, bien rebelde, le dije:

-Bueno, no importa... Tengo 18 años y ya puedo decidir. Tú hiciste tu vida como quisiste; has decidido y has hecho lo que tú has querido, y ahora es mi turno; soy mayor de edad y hago lo que se me da la gana.

Después de la boda fue que caí en cuenta de la realidad... Había estado tan obcecada con la idea de consumar mi venganza, que no había tomado en consideración todo lo demás: ahora estaba viviendo, durmiendo y compartiendo todo con un completo extraño.

- ¿Qué hice? - me preguntaba a cada instante, pero ¡ni modo! Ya no podía retractarme.

Me dije a mí misma:

-Voy a esperar 6 meses a ver cómo pasa esto...

No fue necesario: a los 15 días de haberme casado, mis suegros me invitaron para ir de sorpresa a una de las presentaciones de mi esposo, pero los sorprendidos fuimos nosotros, pues lo encontramos in fraganti en los brazos de otra.

No puedo decir que me dolió, porque amor no había, pero si me sentí ofendida en mi dignidad, y no sólo por lo que él estaba haciendo, sino porque era evidente que yo había tomado la peor decisión.

Por supuesto que me tenía que ir, pero no quería regresar a mi casa con mis padres, a vivir la misma pesadilla de siempre; eso hubiera sido un retroceso, pues precisamente por eso me había casado. Volver allí no era opción.

Terminé refugiándome en casa de mi cuñada, pero cuando ella me preguntó acerca de mi relación con su hermano, yo no supe qué decir. Nos habíamos casado sin conocernos; yo no sabía cuál era su plan de vida, qué quería ni cómo, y él tampoco conocía prácticamente nada de mí.

Siempre me había sentido orgullosa de cumplir lo que prometía, pero estaba aprendiendo que se debe pensar y rectificar muy bien antes de hablar.

Mi resaca moral se convirtió a los pocos días en un terrible malestar físico que me obligó a ir al hospital; cuando el médico me examinó, el diagnóstico fue:

-O tu cuerpo está rechazando los anticonceptivos, o estás embarazada.

- ¿Embarazada? Pero… ¡si solo tengo 3 semanas de casada! - le respondí.

- ¿Y eso qué tiene qué ver? Pudiste haber quedado embarazada desde el día 1 de tu matrimonio; de todos modos, vamos a esperar una semana para que te hagas los análisis.

A la semana le pedí a mi suegra que me acompañara, y efectivamente el resultado dio positivo;

inmediatamente comprendí que ya no se trataba de mí: un nuevo ser venía en camino, y ahora eso era lo único importante.

Mi matrimonio estaba en entredicho, pero yo no creía en el aborto, y ese bebé no había pedido venir. Eso lo cambiaba todo: mi prioridad ahora era encontrar el balance para este nuevo ser; brindarle estabilidad dentro del terreno movedizo en el que yo misma me había metido.

Comencé a hablar con Dios, pidiéndole que me diera al menos una pizca de la sabiduría de mi madre… porque en ese momento tuve que reconocer que mi mamá era mi mejor ejemplo: ella siempre había defendido a su hombre, aunque él parecía hacer todo lo posible por perderla; quién iba a decir que después de tanto criticarla, yo iba a estar un día en su misma posición.

Con el tiempo entendí que ella había hecho lo mejor que una mujer puede hacer cuando ama a alguien, y ella, definitivamente, amaba a mi papá.

Cuando supe que estaba embarazada, mi visión cambió: decidí que iba a hacer todo lo que estuviera a mi alcance para que mi matrimonio funcionara, pues nuestro bebé merecía y necesitaba una familia, un hogar.

Sin embargo, una pareja es de dos; no vale que uno solo intente mantener el curso del barco, si el otro se empeña en navegar en la dirección contraria.

5

Floreciendo en la adversidad

———————⊂⊗⊃———————

"El Dolor te enfrenta a tus pérdidas, pero también a tus ganancias..."

Silvia Maldonado

Poco antes de dar a luz tuve una discusión muy fuerte con mi esposo y decidí regresar a mi casa; mis padres me recibieron con los brazos abiertos, pero en el fondo, yo no dejaba de sentir temor; primero porque ya conocía cómo eran las cosas entre ellos, y segundo porque ahora yo no estaba sola: pronto iba a dar a luz y sabía que mi bebé necesitaba estar en un ambiente tranquilo.

Aunque yo no compartía las decisiones de mamá con respecto a su vida, yo necesitaba más que nunca de su consuelo y de su amor; ella siempre había sido una excelente madre incluso en medio de sus dificultades, y yo tenía mucho que aprender de su fortaleza.

Cuando comencé mi embarazo, el doctor me recomendó caminar y practicar natación; eso no fue un problema para mí, porque siempre me ha gustado el deporte, así que comencé a caminar regularmente y retomé la natación, pero además me inscribí en un curso de parto psico-profiláctico, es decir, clases prenatales donde una mujer en gestación puede aprender cómo estar más saludable, cómo actuar durante la labor de parto, qué cosas pueden hacerla sentir más confortable, qué ejercicios practicar, y otros temas.

Al principio de mi embarazo estaba un poco asustada, pero luego todo fue como entrar en una dimensión mágica: ya no me importaba lo que estaba pasando a mi alrededor, pues estaba obsesionada con la idea de ser una buena madre, y entonces me cuidaba al máximo, consciente de que mi bienestar era el bienestar de mi bebé.

Comencé a comer muy sano, a caminar y a nadar; me aventaba clavados con 6 meses de embarazo, y en general procuraba todo lo mejor; la idea era que a través de mí, todo eso pudiera favorecer a mi bebé.

Definitivamente, yo estaba conociendo un amor diferente, uno que jamás iba a ser reemplazado por nada ni por nadie: el amor maternal.

Quería para mi bebé una vida totalmente diferente a la mía, y al saber que estaba embarazada sentí que tenía la fortaleza que necesitaba para impulsarme y romper con todos los obstáculos que encontrara en mi camino.

- Ya nada es por mí- me decía a mí misma- Todo va por este ser que traigo dentro…

Empecé a cuidarme, a consentirme y a amar mi proceso, y el mero día del parto, cuando me di cuenta de que estaba empezando la labor, me aventé caminando con todo y los dolores, más o menos una milla y media hasta el hospital.

Mi mamá estaba conmigo; cada vez que me venía una contracción yo nada más me paraba, cerraba los ojos, y me agarraba de ella con fuerza; no lloré, no grité, no me exalté, pues sabía que este dolor era distinto a todos los que había sentido antes, motivados por la tristeza, la rabia y la frustración; este en cambio era un dolor de amor, de resultados, de expectativas diferentes. Cada contracción me empoderaba, me hacía más fuerte.

En mi curso de parto psico-profiláctico me habían enseñado que cuando viniera una contracción, sólo debía hacer una pequeña presión y no pujar, pues el llanto, los gritos o la respiración agitada de la madre estresan al bebé y hacen que ascienda de nuevo en el canal de parto, demorando el proceso.

Me hice experta en educación prenatal; por eso sé cuánto influye en la vida del bebé todo lo que la madre esté viviendo durante la gestación: cómo ella se siente, cómo se relaciona con las demás personas, qué expectativas o temores abriga con respecto a su embarazo...

El embarazo y el parto tienen mucho que ver con la forma como estemos manejando nuestras emociones y nuestros pensamientos; en otras palabras, el ambiente que rodea a la madre es fundamental para que el bebé se desarrolle y nazca sano.

El bebé escucha y percibe todo lo que sucede alrededor y en el interior de su madre: las canciones que ella le canta, sus oraciones, todo lo que le agrada y le hace feliz, pero también todo lo negativo, las cosas que le preocupan; la voz de papá calmándola, diciéndole que todo va a estar bien, o gritándole e insultándola.

De todo esto se deriva entre otras cosas, el autismo, que no es una enfermedad, sino una condición, un desorden en el comportamiento, producido por esos factores ambientales que el bebé percibió, y que en su momento le generaron lo que se conoce como estrés prenatal.

Por fortuna, a mí me habían explicado todo eso; desde el primer momento le hablé mucho a mi bebé, y siempre la esperé con mucho amor; he vivido a plenitud mi maternidad en todas sus etapas, porque siempre la he considerado una decisión muy mía.

Hoy en día las madres condicionan su maternidad a la calidad de vida que los hombres les dan: si están con ellas, son buenas madres, pero si no, son capaces de abandonar a sus hijos, abortarlos, darlos en adopción...

Ya no hay una responsabilidad de maternidad en la mujer, y ahí es donde yo les pregunto: ¿Estás pidiendo hombría, cuando tú como mujer estás abandonando el principio real y verdadero del ser humano?

Para mí, la maternidad reta la posición real y verdadera de una mujer, de sus principios, de su educación, y esto no tiene nada que ver con el nivel académico ni económico de una persona. Las mujeres somos arquitectas de vida, edificadoras de vida, constructoras de vida; tenemos una enorme responsabilidad!

Muchas se justifican diciendo:

-Es que yo me embaracé en un hogar pobre… no tengo dinero; por eso lo abandoné… por eso lo di en adopción… por eso lo regalé… por eso lo aborté… porque no tengo dinero, ¿cómo lo iba a mantener?...

Y para otras, las razones son diferentes:

- ¿Qué va a decir la sociedad?… mis padres… tengo que cuidar el apellido de mi familia… ¿cómo iba a salir con el domingo siete…?

Tanto unas como otras están descuidando el principio fundamental de lo que significa ser una mujer: estamos hechas para parir hijos, y eso lo entendí desde que empecé a ser madre.

Cuando descubrí esa parte tan importante de nuestro papel en el mundo, me dije:

- ¿Qué puedo hacer para defender esto? ¿Cómo hago para empoderarme de esto?

Porque de ahí parte que seas una buena madre, una madre responsable, o que tomes otra decisión y no te importe.

El día que yo iba a dar a luz, a mi madre le dijeron:

-Señora, su hija es primeriza y se va a tardar muchísimo; si usted quiere, váyase para su casa y regrese mañana.

Bien dice el refrán que madre sólo hay una; ella me conocía mejor que nadie y sabía el empeño y la disciplina con la que yo había cuidado mi embarazo, así que les respondió:

-Definitivamente, ustedes no conocen a mi hija... Hoy mismo va a dar a luz; ya van

a ver...

El pabellón de natalidad estaba repleto de mujeres en trabajo de parto, pero a mí me tenían afuera en otra habitación, porque se suponía que yo me iba a demorar hasta el día siguiente; de pronto comencé a sentir unos dolores mucho más intensos, así que llamaron al doctor, y al revisarme exclamó:

- ¡Dios mío! ¡Esta señora ya está lista...! ¡Pero ni siquiera ha balbuceado, no ha gritado, no ha dicho nada! ¡Rápido! Tráiganme la camilla, quirófano listo... ¡Vamos!

En ese tiempo uno daba a luz a ciegas, pues no había ultrasonidos que detectaran el género del bebé, y no había manera de saber si era niña o niño; entré a la sala de partos a las 2:45 de la tarde, y media hora después ya había nacido mi hija... Mi más hermosa sorpresa.

Yo había tomado decisiones importantes acerca de la forma como quería vivir mi maternidad, y no sólo en lo referente al embarazo y el parto, sino también en cuanto a la crianza de mi bebé; me habían explicado que la lactancia materna ayuda a desarrollar el cerebro del recién nacido, así que yo decidí que iba a amamantar a mi hija exclusivamente y durante todo el tiempo que fuera necesario.

A medida que iba indagando más para darle lo mejor a mi bebita fue que comencé a interesarme en lo que es el Desarrollo Familiar; esto está relacionado con el *trauma infantil*: todas esas cosas que nos han marcado desde la niñez, incluyendo el tipo de parto, el ambiente en el que has nacido y muchos otros factores ante los cuales el bebé no puede defenderse, pero que le afectan profundamente.

El ser humano funda sus bases de 0 a 5 años; es cuando el cerebro crece y se desarrolla más rápido, absorbiendo como una esponja todo lo que ocurre a su alrededor, tanto positivo como negativo, definiendo una personalidad irreversible.

De los 5 años hasta los 12, se determina la calidad de su personalidad, no sólo académicamente, sino sobre todo socio-emocionalmente; esto significa que las bases ambientales, familiares, tus principios, la fundación familiar, van a determinar la clase de persona en la que te convertirás a partir de los 13 años hasta los 21, y de ahí en adelante. Son etapas bien definidas y establecidas.

Analizándome a mí misma, he podido darme cuenta de que a mis 4 años yo pensaba como una niña de 8, pero no tenía la misma madurez; y a los 8 yo pensaba como si tuviera 12, pero tampoco tenía esa madurez, y a los 12 yo pensaba como si tuviera 16, pero seguía sin tener esa madurez.

Las etapas físicas tienen que estar en sintonía con la edad mental; quizás socio-emocionalmente yo empezaba a entender algunas cosas, pero no tenía aún la madurez para tomar decisiones y vivir de acuerdo con la edad en la que pensaba; por supuesto, esto me generó un conflicto emocional, porque yo razonaba como si tuviera 12 años, pero tenía que adaptarme a vivir como lo que era: una niña de 8. Mi entorno me hizo vivir cosas que nadie debería experimentar a esa edad, y por eso fui una niña muy precoz.

Cuando nació mi hijita yo continuaba en casa con mis papás; ella trajo un poco de amor a ese ambiente cargado de violencia; mi mamá le dio su primer baño, porque obviamente yo no sabía hacerlo y tampoco me atrevía.

- ¡Dios mío! - decía yo- ¡Voy a romper a esta criatura tan chiquitica…!

No sólo me ayudaba mi mamá, sino también mi abuelita; de las dos aprendía, porque aunque miles de veces me explicaron las cosas, cuando tienes a tu hijo en frente todo es diferente.

Cuando ya estuve mejor después del parto, empecé a dejar a mi hija con mi mamá y me inscribí en una academia para hacerme maestra instructora de aeróbicos; me apegué a la educación, al deporte, a la vida saludable.

A pesar de la disfunción que había en mi hogar debido al alcoholismo, mis padres siempre tuvieron claro que la estabilidad moral de un niño es la unidad familiar, y por eso se ocuparon de que su primera nieta estuviera con su mamá y su papá, como debía ser. Fue así como el padre de mis hijas se vino al poco tiempo a vivir allí conmigo; ojalá las cosas hubieran terminado ahí, pero al contrario, se estaban complicando, pues ahora mi esposo se juntaba a beber con mi papá.

Por lo visto, estaba atrapada en el mismo círculo.

Afirma la Ley de Atracción que todo lo que tú declaras viene a ti; sin embargo, para que ese principio funcione tú tienes que andar en búsqueda de esa oportunidad con determinación, pues esta ley funciona igual que con las leyes legales: el decreto que te mete a la cárcel es el mismo que te saca. Dicho de otra manera, atracción es atracción, y funciona tanto para lo positivo como para lo negativo; por eso es tan importante cuidar lo que se piensa, lo que se dice, lo que se desea...

La maternidad había cambiado mi percepción de las cosas: ahora yo podía ver todo desde la perspectiva de mi mamá y mi abuela; empecé a entender cuestiones esenciales que no había podido comprender a pesar de haberlas analizado de mil maneras, y es que no es lo mismo ver la función desde las butacas que estar subida en el escenario.

Comprendí que el alcoholismo de mi papá era una enfermedad causada por los traumas de su niñez, que lo llevaron a tomar la decisión de aferrarse a algo negativo creyendo que le ayudaría a llenar su vacío existencial, cuando en realidad lo que hacía era ampliarlo.

El alcoholismo es parte de eso: decretas en tu personalidad algo que no te pertenece y lo conviertes en uso de alcohol, uso de drogas, en prostitución, en violencia, en crimen; de eso es que se ocupa el Desarrollo Social, que afirma que la primera organización, la más importante de toda sociedad, no son las empresas, ni es el dinero que inviertan en infraestructura... Es la familia.

Un país puede tener los edificios más bonitos, pero con gente delincuente no le van a durar; el asunto es atender las situaciones de la sociedad, y esto implica a la familia en todos sus aspectos y en todos sus niveles: la violencia doméstica, el abuso infantil, el maltrato, la negligencia o cualquier otra situación intrafamiliar conflictiva aquejan precisamente al desarrollo social; de la familia emana también mucho liderazgo, tanto positivo como negativo.

El mayor honor que un líder puede recibir es ver el resultado de una rehabilitación, una restauración, la restitución familiar de un individuo; mi mayor recompensa, satisfacción y honor es ver que una familia supere la violencia doméstica, que una persona restaure y restituya sus principios y sus funciones personales y familiares, que aflore en ella esas capacidades que ya tiene, pero que no podían activar por falta de una orientación personal, emocional, mental.

Nuestra generación intentó cambiar las buenas funciones y los buenos principios familiares, porque lamentablemente la generación anterior fue demasiado estricta, al grado que no podíamos ni siquiera respirar. Nosotras hemos querido darles holgura a nuestros hijos; el problema es que les dimos alas y dejamos de sembrarles principios; ¡esa fue la equivocación!

Hemos hecho concesiones muy peligrosas para nuestros hijos: hoy en día no les enseñamos a defender los buenos principios familiares, las fundaciones que los van a conducir a tomar decisiones correctas como padres y madres que van a ser en el futuro; tarde o temprano ellos van a tener que cumplir los mismos roles que estamos cumpliendo nosotros... Entonces, ¿qué estamos creando?

Nunca es tarde para cultivar en el corazón de un muchacho la principal riqueza del ser humano, que es tener principios familiares fuertes, basados en el amor, en el respeto, en la honorabilidad, en la verdad, en las creencias espirituales.

Todos necesitamos contar con un núcleo familiar donde poder vivir, triunfar, fracasar, morir... Es allí donde vas a encontrar el poder de tu proceso, aunque a veces tengas que experimentar el dolor, porque duele separarse, duele reconocer los errores...

Nuestras familias son quienes nos conocen mejor, pero es difícil para el ser humano aceptar las críticas que vienen de sus propios núcleos, y preferimos las que vienen de afuera, hechas por personas que han vivido procesos diferentes y que, aunque te sonrían, la mayoría de las veces sólo quieren tomar ventaja sobre ti.

La familia es un laboratorio, es un campo de entrenamiento en el que podemos aprender a valorar lo profundo, lo real, lo que es necesario aunque duela; ningún título ni ningún estatus te va a quitar el trauma o el complejo que traes desde la niñez; eso no es un conocimiento académico; no te lo van a enseñar en ninguna escuela ni en ninguna carrera. Mi mejor credencial para hacer lo que hago es precisamente haber vivido todo lo que viví en mi hogar disfuncional: violencia doméstica, abuso infantil, coraje, negligencia...

Estos problemas no son exclusivos de ninguna familia; por el contrario, son más comunes de lo que imaginamos, y afectan desde el más pobre hasta el más rico.

Puede que al pobre se le quite la pobreza y que al rico se le aumente la riqueza, pero las carencias afectivas, las deficiencias emocionales y mentales que padece actualmente nuestra sociedad no las puede cubrir nadie más que Dios.

6

"Si realmente existes ..."

———————⊂⊗⊃———————

"No hay Restauración sin caída, sin pérdidas, sin Dolor..."

Silvia Maldonado

Mi hija ya había cumplido 8 meses, pero la situación económica de mis padres no estaba nada bien y yo no contaba con recursos para ayudarlos; por primera vez, no tenía nada en mente...

Providencialmente, llegó una correspondencia a casa de mis padres: siendo yo ciudadana americana, al cumplir mis 21 años ya estaba en la potestad de pedir a mis familiares directos como residentes en los Estados Unidos.

Inmediatamente, mi mamá empezó a convencer a papá:

- Vámonos…! A lo mejor esta es la oportunidad que nos está mandando Dios para que tu vida cambie…

Y ahí iba ella otra vez, poniendo territorio de por medio, a ver si cambiando de ambiente mi papá dejaba el alcohol, cosa que, a mi modo de ver, era una forma equivocada de pensar.

Es cierto que en cada cambio hay una oportunidad, pero eres tú quien debe decidir tomarla, porque la oportunidad no te va a obligar a que la agarres, ni te va a encontrar a ti; las oportunidades se crean, y esta sin duda era una muy especial; sin embargo, para realizar el trámite de la solicitud era indispensable que yo me encontrara en los Estados Unidos, y yo aún estaba en México, pues mi hija estaba muy chiquita y se me complicaba viajar.

El caso es que mi madre no quería esperar, y en un arranque por sacar a mi papá, decidió que se vendrían sin esperar la petición.

Mi papá le habló a un primo que tenía en Tijuana, y él los invitó a quedarse en su casa; la esposa de ese primo tenía un cargo importante allá y pudo ayudarlos a conseguir la visa para entrar legalmente a los Estados Unidos. Así fue como llegaron aquí, exactamente para el día de Thanksgiving.

Mis dos tíos ya vivían aquí desde hacía tiempo, y gracias a eso mi abuela tenía visa de por vida; ella podía entrar y salir de los Estados Unidos cada vez que quería, y en ese tiempo se encontraba aquí de visita, pero al ver que llegaron mis padres y mis hermanos, decidió no regresar más a México.

De un momento a otro yo me había quedado sola con mi esposo y mi niña viviendo en el departamento de mi mamá, y así estuvimos los siguientes 2 años.

A tiempo de haber cumplido mi hija su primer añito, un día salimos con ella en la carriola hacia la plaza de Irapuato; minutos después se nos acercó un señor que parecía muy honorable, y después de saludarnos le dijo a mi esposo:

-No se te olvide que tú tienes ahora una gran responsabilidad con tu esposa y tu hija; tú te apartaste del evangelio, pero nunca es tarde para regresar al buen camino… Ve a la iglesia y llévalas a ellas…

Y luego se dirigió a mí con mucho amor:

-Hija, yo sé que estás buscando muchas respuestas que no has encontrado, y que hay muchas cosas que quieres comprender y que todavía no entiendes. Yo sé que la palabra de Dios te va a dar la claridad que tanto deseas; dile a tu esposo que te lleve…

Quedé muy impactada con esas palabras, y con la personalidad de este señor, que era nada menos y nada más que el pastor de la iglesia a la que había asistido mi esposo unos años atrás; no sólo me había leído el pensamiento, sino también el alma, y por supuesto que sentí unos deseos enormes de aceptar su invitación.

Mientras yo seguía intentando reorganizar mi vida, mi esposo continuaba con sus excesos; me deprimí mucho al darme cuenta de que, buscando una solución, sólo había creado mil problemas más. Ahora estaba lejos de mi familia, y me había involucrado en una relación aún más disfuncional que la de mis padres; sin embargo, lo peor era mirar dentro de mí y encontrar el mismo vacío del que tanto había intentado huir; me sentía culpable y enojada conmigo misma por estar viviendo una vida que yo no hubiera querido vivir, repitiendo el mismo círculo de violencia, en otro nivel, de otra manera, pero círculo al fin.

Todos estos factores se fueron sumando, hasta que un buen día me dije a mí misma:

-Definitivamente, esto no es lo que yo no quiero para mi vida; voy a dar este último paso, a ver qué encuentro... Si yo no hago esto por mi hija y por mí, nadie más lo va a hacer...

Ese domingo al amanecer me levanté, me arreglé, vestí a mi hijita y nos fuimos a la iglesia a donde nos había invitado el pastor; ya había comprendido que, como madre, no podía seguir tomando decisiones si no resolvía primero todo lo negativo que traía desde mi niñez; sabía que si no arreglaba una cosa, tampoco iba a funcionar la otra.

Durante toda mi vida había escuchado hablar de Dios, pero nunca había obtenido sus respuestas; crecí preguntándole a mi mamá:

- ¿Dónde está Dios? ¿Por qué no nos ayuda?

Constantemente me hacía esa y mil preguntas por el estilo, hasta que llegué a los 18 años diciendo:

- ¿Dónde está tu Dios? Porque aquí no pasó nada con Dios, aquí nada hizo Dios.

Sin embargo, en lo más profundo e mi corazón yo tenía esa inquietud, y constantemente lo interpelaba:

- ¿Realmente existes? ¿Realmente estás ahí?

Ese día, cuando llegué a la iglesia por primera vez, me encontré con algo totalmente nuevo para mí; entré a escuchar la alabanza y el mensaje de Dios impactó mi corazón desde el primer momento, pues me dio las respuestas que yo había buscado durante toda mi vida:

-Tú necesitas aceptar a Cristo, pero debes entender que Cristo *no* es una religión.

Esas palabras me sacudieron profundamente, pues parecían haber sido pronunciadas especialmente para mí: yo había despreciado mi religión al no haber conseguido respuestas en ella; para mí, todo eso no era más que una convención social, algo que haces como todo el mundo, para no ir en contra de la corriente; una especie de un club social sin ninguna consecuencia en tu vida espiritual.

En cambio, esto era diferente... se sentía diferente. En medio de mi incredulidad, en ese momento le dije a Dios:

-Si realmente existes, dame la paz que necesita mi corazón... Ayúdame... Transforma mi vida, y sobre todo, transforma la vida de mi padre. El día que yo lo vea a él transformado, ese día te prometo que me voy a bautizar...

A partir de ese momento, nunca más me volví a separar de Dios; Él comenzó a cultivar en mí el liderazgo al servicio de Su palabra; desde ese día hasta hoy, todos mis caminos han sido totalmente entregados a Dios, confirmados y dirigidos por Dios; incluso, disciplinados por Dios, porque cuando me he equivocado Él también me lo ha hecho ver y me lo ha dejado sentir.

Esta iglesia en particular tenía toda una estructura y una enseñanza enfocadas en los principios y fundamentos espirituales y familiares; en otras palabras, no te aventaban, no te soplaban, no jugaban con tus necesidades emocionales, y eso me encantó.

Con apenas 21 años empecé a involucrarme cada vez más con mi fe, y cada vez crecía mi hambre de saber; una de las cosas más importantes que aprendí fue el poder del perdón, pero al mismo tiempo significó una lección muy difícil para mí, porque tenía que comenzar por perdonarme a mí misma y luego a mi papá, y yo todavía no me sentía capaz, así que fui a ver a mi pastor y le dije:

-Yo me quiero bautizar, pero el odio que siento hacia mi papá es insuperable.

Lo que él me respondió me dejó sin palabras:

-Nada de lo que para nosotros resulta insuperable puede superar la gracia de Dios; déjala funcionar en tu vida; tú vas a ver...

Empecé a pelear la buena batalla de la fe, y una dimensión tremenda se abrió ante mí. Hay varios dones irreversibles que Dios reparte entre los que aceptan a Cristo, que son los regalos y los compromisos a los que Él nos encomienda; en mi caso, el don que a mí me dio fue el discernimiento: puedo ver, escuchar y sentir cosas que para otros pasan desapercibidas, y gracias a eso no me equivoco con las personas a las que me toca asesorar.

No es nada místico, pero sí es bien real: yo llego a una casa y puedo decir incluso si allí han realizado alguna práctica satánica, simplemente porque siento la energía.

Seguí profundizando en mi camino espiritual; me apasioné tanto con los principios de la oración y el estudio de la palabra, que un año después le dije al pastor que quería irme al seminario a estudiar teología.

-Hija- me respondió- tú puedes hacer lo que quieras, y en las cosas de Dios también te puedes preparar… Una mujer no puede ser pastor, pero sí puede estudiar teología y principios bíblicos; de hecho, necesitamos una Superintendente joven y nueva… ¡Órale!

En aquel momento yo era la secretaria de la iglesia, y un día me tocó recibir un sobre enviado por un Seminario Teológico de León, en Guanajuato; eran unas formas que habían sido enviadas para los líderes que quisieran ir a estudiar en los diferentes programas.

Fui a ver al pastor y le entregué el paquete, pero él ya sabía de qué se trataba, y como me conocía bastante bien, se quedó viéndome y me preguntó:

-A ver hija… ¿qué estás pensando?

-Pastor… Yo quiero ir a probar; yo quiero prepararme, y aquí veo algo que es como para mí…

- ¿Y qué es…?

Silvia Maldonado

-Aquí dice: Desarrollo Familiar y Social con Bases Bíblicas... Yo quiero aprender eso, para poder guiar a las familias, para ser mentora en los hogares...

-Él guardó silencio unos segundos y luego me preguntó:

- ¿Tú sabes lo que implica eso?

-Sí... Lo sé, y estoy dispuesta.

-Silvia... Si se tratara de otra persona, le diría que no, porque yo sé que el ministerio no va a invertir en alguien a quien después no pudiera aprovechar; pero tratándose de ti, creo que es una excelente idea, aunque vas a tener que dejar por algunos días las actividades en la iglesia.

De momento sólo me preocupaba mi niña, pero resultó que el instituto daba cuidado infantil mientras las madres se estaban formando; había cursos relacionados con contabilidad, administración y logística de las iglesias, pues en todas esas áreas se necesitan personas operativas y bien preparadas.

Por mi parte, yo ya sabía que me quería preparar en todo lo relacionado con desarrollo familiar y social: cómo mejorar los programas, cómo mejorar la comunidad mejorando la vida de las personas; ese era mi foco.

Presenté la aplicación y llegó el momento de pagar; entonces mi pastor habló conmigo:

-La iglesia te lo va a financiar, porque sabemos que esto está bien invertido; vamos a proponer la votación, pero nosotros te lo vamos a pagar.

Cada semana se entregaba un registro de lo que salía de las ofrendas, de los diezmos; había un comité que se encargaba de contabilizar hasta el último céntimo, y al final del servicio se ponían en unos pizarrones las estadísticas de cuánto se había juntado, cuánto había salido y para lo que estaba destinado.

En aquella ocasión éramos 5 los líderes que queríamos ir a tomar esos cursos; el pastor le preguntó a la asamblea:

-Tenemos 5 líderes aquí que necesitan y quieren irse a estudiar Teología...

Fueron aprobados mi curso y el de mis 4 compañeros: la iglesia pagó nuestros estudios y comenzamos el programa. El pastor y su esposa se convirtieron en mis padres espirituales, brindándome su apoyo incondicional; todos los jueves nos llevaban a mi niña y a mí, y nos iban a buscar los domingos. Era un trayecto de 45 minutos que aprovechábamos para ponernos al día.

-¿Y qué aprendiste ahora...? - me preguntaban cada vez.

Yo les compartía todo lo que iba descubriendo; fue allí donde empezaron a germinar en mí las primeras semillas de conocimiento para llegar a comprender el rompecabezas del ser humano: mente, cuerpo y espíritu.

Entendí por qué algunas veces el cuerpo no puede responder a lo que la mente le indica, y por qué el espíritu a veces entra en contradicción con lo que la mente dice; lo que pasa es que por tratarse de aspectos invisibles, al ser humano le aburre pensar en ellos, le aburre estudiarlos; sin embargo, quienes se interesan en esos asuntos encuentran la fórmula perfecta para cada vida, para cada familia, pues cada una es diferente, y por lo tanto cada caso necesita soluciones distintas.

Al terminar el plan de estudios obtuve mi licencia en Desarrollo Familiar y Social, y me pusieron como Superintendente de la Escuela Dominical; empecé a trabajar, a llevar los programas en la iglesia y a crecer espiritualmente en mi ministerio.

7

Cambiando el odio por amor

———————— ⟨∞⟩ ————————

"Nuestro Dolor intenta alejarnos de Dios, pero es cuando Él está más presente... "

Silvia Maldonado

Apesar de mi entrega y la convicción de mi fe, yo seguía sin poder bautizarme debido a mi incapacidad para perdonar a mi papá.

-Hija -me decía mi pastor- las cosas que el ser humano no logra con palabras ni con acciones humanas, las consigue con ayuno y oración. Tú sigue, que aunque creas que nada pasa, te aseguro que sí está pasando, ¡y mucho...!

Empecé a orar y ayunar día y noche, sin parar; estaba convencida de que esa era la única forma de rescatar a mi papá de su adicción. No me cansaba de repetirle a Dios:

-Señor, yo no me voy a bautizar hasta que tú cambies todo este odio que le tengo a mi papá, y lo transformes en perdón y amor...

No puedo explicar cómo sucedió, pero precisamente en un evento de bautizos en la iglesia, alguien comenzó a dar un testimonio acerca de su alcoholismo; mientras escuchaba, pude ver a mi padre reflejado en esa persona, confesando cuánto había sufrido al lastimar a los seres que más amaba.

Sentí que algo se quebraba dentro de mí: Dios me había escuchado y me estaba permitiendo entender el sufrimiento de mi papá; pude ver que él había estado castigándose a sí mismo por todo el daño que nos había ocasionado, tanto a nosotros como a mi mamá.

-Mi padre se merece una oportunidad –pensé- y si Dios mismo se la está dando, yo no soy quién para negársela.

Comprendí que el beneficio del perdón no era para mi papá, sino para mí; a lo mejor él ni siquiera estaba necesitando pedirlo, pero yo sí estaba necesitando dárselo, para lograr la liberación de mi mente y de mi corazón.

El primer paso en esa transformación fue reconocer que no todo lo que había hecho mi padre había sido malo o negativo; en honor a la verdad, cuando estaba en su sano juicio era un hombre encantador y de principios muy sólidos.

Para él, su esposa y sus hijos eran su adoración; mi mamá siempre fue el amor de su vida, y como tal él nunca le fue infiel; también fue un excelente hijo y un excelente hermano; veló por su familia hasta el último momento, y todos sabían que en cualquier circunstancia podían contar con él.

Para ayudarme a perdonar, Dios me permitió comprender la condición espiritual y emocional de mis padres: ambos traían heridas muy fuertes desde la niñez que los estaban afectando en su vida adulta; en el caso de mi mamá, debido al abandono que sufrió por parte de mi abuelo, y en el caso de mi papá, por venir de un hogar donde el hombre era abusado por la mujer.

Mi abuelo paterno nunca quiso asumir su posición; lo único que hacía era trabajar y darle el dinero a mi abuela, y así fue como ella se acostumbró a decidir y controlar todo; mi papá traía eso como un trauma, y tenía mucha rabia contenida hacia la figura femenina; por eso en su alcoholismo le pegaba a mi mamá.

Mi abuela falleció de un paro cardíaco a sus 54 años, y eso terminó de desquiciar a mi papá; la depresión por haber perdido a su madre lo hundió de un modo mucho más fuerte en el alcohol.

A los pies de Cristo fue que pude comprender que un trauma de la infancia, combinado con un *no-plan* de vida específico, fue lo que condujo a mi padre a querer ahogarse en el alcohol; simplemente fue un recurso equivocado con el que él intentó llenar ese vacío que ya traía desde su niñez.

A esto se le sumaba el trauma de mi madre, que era la causa de que ella no hubiera dado pasos concretos con respecto a la violencia que se vivía en mi hogar; su consigna era:

-Pase lo que pase, yo voy a mantenerme al lado del padre de mis hijos; no quiero que ellos vivan lo que yo viví.

Fueron los traumas, los complejos que ambos traían desde la niñez, los que hicieron la mezcla letal, porque tampoco recibieron orientación o educación, ni tuvieron oportunidades a su alcance que les permitieran comprender qué era lo que les había sucedido.

Lo peor es que en mi caso, yo estaba pasando por lo mismo: me había casado por las razones inadecuadas, y aunque el proceso era distinto, las consecuencias eran las mismas; entonces, cuando llega Cristo a mi vida, me encontré con esas piezas que me faltaban en mi rompecabezas, y se me iluminó la razón:

- ¡Esto es! –decía yo- ¡La vida vale! ¡La vida es bella! ¡El dolor tiene poder…!

Ya con mi licencia en Desarrollo Familiar comencé a generar planes de acción para ayudar a la restitución de las funciones familiares dentro de los hogares, pero con bases bíblicas, es decir, indagando en qué es lo que dice Dios acerca de cómo tratar los traumas de la niñez, y de esa manera ayudar a los padres a entender cómo manejar las diferentes etapas de sus hijos, conduciendo sus retos, sabiendo cómo orientarlos y asistirlos si llegan a caer en vicios, o si surge algún problema emocional por algún evento de la infancia.

La Biblia es como una biblioteca enorme donde hasta el que no cree en Dios, o el que cree de manera diferente, van a encontrar su propia verdad, pero para eso hay que estudiar, profundizar en la palabra... Yo no me hice cristiana porque se sentía bonito o porque me hayan manipulado; yo me hice cristiana porque comprobé que Cristo es real y puede entrar en tu vida, y porque entendí que lo más importante para todo ser humano es su parte espiritual.

Al desarrollar mi relación con Dios, Él cambió mi odio hacia mi padre en amor y en perdón, y entonces yo lo pude ver de una manera diferente.

Recuerdo que mi madre había recurrido a todo, incluso brujería, para ayudar a mi papá; en cambio, cuando yo le hablaba de Cristo, se enojaba: ella no entendía cómo era posible que yo dejara las tradiciones y principios (católicos) que me habían enseñado; me decía que yo estaba mal, que todo eso no era más que fanatismo... Mi pastor me veía llorando y me decía:

-De rodillas hijita; de rodillas, hasta que hagas hoyo... Dios tiene sus tiempos; Él te va a responder en el momento perfecto... No lo aceleres, Él te va a responder...

Entonces tomé una decisión: dejé de hablarles a mis padres *de* Dios, y comencé a hablar de ellos *con* Dios:

- Señor tú sabes que mi padre y mi madre ha sufrido por muchos años debido al alcoholismo, la violencia, el irrespeto... Sana sus corazones, sana sus heridas desde su niñez y hasta ahora... Haz que todos alcancen Tu salvación y Tu presencia en sus vidas… Mándales gente que les dé Tu mensaje; que desde que amanezca, Señor, Tu palabra llegue hasta ellos y no los abandone…

Yo seguía creciendo en mi fe, y a medida que avanzaba espiritualmente, también lo hacía en mis planes y proyectos personales: puse mi propia escuela de aerobics y contraté 4 instructores para que dieran las clases durante el día, mientras que yo me encargaba de dar las dos primeras de la mañana y la última de la noche.

Comencé a tener un montón de alumnos, y también me fui involucrando cada vez más con las cosas de la iglesia; pude darme cuenta de que Dios me había bendecido en cuestiones de trabajo y desarrollo personal, intelectual, educativo y liderazgo, incluso desde antes de conocerlo; Él nunca me había abandonado, aunque yo no lo entendiera.

En la iglesia iba a mis servicios, continuaba con mis estudios, y llegué a preparar a algunas señoras para que se convirtieran en maestras de la Escuela Dominical;

literalmente, yo no paraba; era realmente hiperactiva, pero nunca me cansaba, porque ya traía la disciplina que mi mamá me había enseñado desde niña y aprovechaba cada minuto de mi vida; empecé a recibir una felicidad y una paz que sobrepasaba el entendimiento de las personas.

Gracias a los ingresos en mi escuela de aeróbicos pude para ese momento alquilar una casa más grande; en cuanto a mi familia, yo me había distanciado de ellos durante todo ese tiempo, pues estaba segura de que el haberse ido a los Estados Unidos no iba a resolver el problema de mi papá con el alcohol; sabía que él iba a volver a su adicción donde quiera que estuviera. Mientras tanto, yo estaba con Dios, y eso me daba la paz que tanto había buscado; sabía que todo estaba tomando vientos en mi vida, pero lo primero era que yo estuviera bien, porque de ese modo podría ser el soporte para todos cuando fuera necesario.

Para ese entonces, mi hermana se había convertido en mamá, y vino a México con mi sobrino de 4 meses para quedarse un tiempo; de pronto estábamos ahí las dos, ella con apenas 18 años y yo con casi 22, enfrentando el día a día con nuestros hijos; ese era nuestro patrón.

Hay una afectación interna en nuestro cerebro que nos lleva, que responde a ciertas acciones de manera equivocada, y por eso repetimos los ciclos; cuando hay una transformación, una sanidad, es cuando logras romper esa cadena.

Mi hermana me encontró bien involucrada en la iglesia, y entonces ella se empezó a involucrar también; todos los domingos nos íbamos al servicio y nos llevábamos a los niños; así fue como ella empezó a acercarse a la palabra, y cuando regresó a los Estados Unidos, le comentó a mi mamá:

- Silvia está muy bien, está sirviendo, está causando un impacto… Ella ha encontrado paz, ha encontrado tranquilidad en la iglesia… en Dios… ¡Y yo también!

- Y… ¿cómo está la niña?

  -La niña está hermosa y te recuerda…

- ¿En serio me recuerda?

-Sí mamá; mi hermana procura que te ame, que te quiera… Mira…

Y le mostró unas fotos de mi niña… Entonces dijo mi mamá:

-Tengo que ir a ver a mi nieta.

Mientras tanto, en México yo participaba en un programa evangelístico para atender a 7 misiones en lugares diferentes; eran comunidades de indígenas, de gente de pueblos y de ranchos muy lejanos que no podían llegar fácilmente a la ciudad, y entonces nos organizamos para ir nosotros hasta allá; cada 15 días les llevábamos despensas, ropa y todo lo que podíamos, y hacíamos un servicio en cada comunidad.

A mi mamá se le ocurrió llegarme de sorpresa; en ese momento mi niña tenía dos años y tres meses, y amó a su abuela desde el momento en que se volvieron a ver. Era evidente que ella seguía padeciendo por las locuras de mi padre, pero aun así no dejaba de insistir en que él iba a cambiar.

Los papeles se habían invertido:

-Mamá- le decía yo- eso no va a ser así; solamente El Señor puede ayudarnos en esto…

- ¿El señor? -me respondía ella- ¿Cuál señor?

-Mamá, permíteme ayudarte; busca apoyo en una iglesia cristiana, yo desde acá te puedo dar unas referencias…

-¡No me hables de esa otra religión…! ¡Eres una fanática…!

A pesar de sus negativas, yo no paraba de orar:

-Señor, no los desampares ni de día ni de noche; haz que les hablen del Evangelio, hazle entender a mi mamá que esto no se trata de religión, sino de Ti, de Dios… del verdadero Dios…

Mi madre había venido por 15 días; en todo ese tiempo mi hija se aferró a ella, incluso dormían juntas.

Yo la invitaba a la iglesia, pero le decía:

—No tienes que hacer nada que no quieras; yo sólo deseo que conozcas el medio en el que me desenvuelvo, a lo que me dedico...

Quería que conociera las cosas importantes de mi vida, y aunque al principio se negó, después aceptó acompañarme; el pastor se comportó como un amigo con ella, sin presionarla ni hostigarla:

—Dios está para ti como para cualquiera de nosotros; solamente tenemos que acercarnos a Él para que escuche nuestra oración... Cuando estés lista avísame; yo te puedo ayudar, tú dime lo que necesites.

Mi mamá se fue dando cuenta de que las cosas no eran como ella las había imaginado; se fue quedando, y poco a poco comenzó a aceptar a Dios en su corazón. En lugar de los 15 días que había pensado, terminó quedándose varios meses, no sólo para estar con su nieta, sino también para aprender la palabra.

Me enfoqué en asumir mi responsabilidad espiritual con mi familia, pues sabía cuánto ellos lo estaban necesitando; yo quería que mi madre comprendiera que había una salida, y era fortalecer su relación con Dios.

Finamente, llegó el momento de ella regresarse a los Estados Unidos; yo seguía con mis plegarias:

- Señor, no los sueltes ni de día ni de noche; haz que se les aparezcan por todas partes personas que les hablen de Ti…

Mamá regresó cargada de material; mandé fotos, varios ejemplares de la Biblia y del Nuevo Testamento, y unos videos de mi niña en los que cantaba muy bonito; todo dedicado a Dios.

Prácticamente el amor de mi niña fue lo que acercó a mi madre a la verdad; eso fue lo que poco a poco ablandó su corazón y permitió la entrada del amor de Dios en su interior. ¡Para mí era un verdadero milagro!

8

Educando al corazón

───────◈◈◈───────

"El Dolor es parte del lenguaje del Amor,
porque es vinculo del perdón..."

Silvia Maldonado

Cuando mi madre regresó a los Estados Unidos, llevó todo el material que yo le había enviado a mi familia, y por cosas de Dios, empezaron a recibir de un lado y de otro invitaciones de iglesias cristianas para darles el Evangelio; literalmente, no los soltaban ni de día ni de noche; esa fue la forma en que Dios me respondió.

Coincidió que en ese momento mi papá estuvo a punto de sufrir un paro cardíaco, pues obviamente tanto alcohol tenía que generarle problemas tarde o temprano; mi mamá me llamó llorando para avisarme:

-Dicen que no saben si tu papá salga de ésta... Lo van a dejar en observación... Entonces vi que había llegado el momento de regresar a mi país natal:

-Salgo para allá cuanto antes!

Llegué a los Estados Unidos y la verdad es que me sentí feliz de estar junto a mi familia. Mi papá había salido de su crisis y estaba en franca mejoría, entonces me dediqué a buscar una iglesia con sana doctrina para que ellos comenzaran a asistir; digo esto porque también dentro del cristianismo hay mucha gente que engaña a las personas por medio de la fe, pero esa no había sido mi experiencia: yo tuve un pastor que me enseñó a tener una relación significativa con Dios, y que la educación cristiana era importante para la fundación familiar; yo misma era una evidencia de ello.

Justamente por eso, yo quería que mi familia estuviese en un lugar no de emociones, sino de verdadera educación cristiana; terminamos asistiendo a una iglesia Bautista donde ellos ya habían estado una vez, y allí fue donde Dios me dio el privilegio y la bendición de cumplirme en vida la promesa de que todos aceptaran a Cristo.

Como Josué, yo había hecho una declaración: "Yo y mi casa serviremos a Jehová", y la promesa de Dios no se hizo esperar: "Tu casa y tú serán salvos por todas tus generaciones".

Le dije entonces a Dios:

- Señor, empieza por mi casa: en tus manos pongo a mis padres, a mis hermanos y a todas mis generaciones...

En cuanto a mí, yo estaba atravesando por una transición; si algo había aprendido con mi experiencia era que lo que mal empieza, mal termina, y aunque cada matrimonio tiene su función y su principio, el hombre es la atalaya de una casa, porque Dios le dio precisamente ese gobierno y esa autoridad como cabeza del hogar, para bendecirlo, pero también para responsabilizarlo, y eso no se estaba cumpliendo en mi relación.

Si quieres saber si un hombre está cumpliendo con su misión de vida, observa en qué posición emocional, mental, física y económica pone a la mujer que tiene a su lado; por supuesto que esto influye también sobre los hijos, pero la principal realidad del hombre es con la mujer que eligió para casarse, y cuando no se tienen los principios espirituales correctos y basados en el Señor, esos matrimonios naufragan, porque no son de Dios.

En ese momento ya había tomado la decisión de divorciarme, cosa que ha generado un tremendo conflicto para mucha gente que sabe que soy cristiana, que tengo mis principios y mis creencias, que he experimentado vivencias con Dios tan fundamentadas e inmovibles. Yo les explico que Dios permitió el divorcio en mi vida como una herramienta para defender el matrimonio, un matrimonio de Dios, porque el principio es bien importante: si te unes a una persona porque quieres pasar con él o con ella el resto de tu vida, fíjate bien que no vaya a ser porque quieres estar primero con la persona, antes que con Dios.

¿Por qué la gente se casa por la iglesia? Por la fiesta... por la creencia... por el mito... porque la sociedad lo exige... por todas las razones habidas y por haber, menos por la correcta y la principal, que es por adorar a Dios.

El hombre tiene que presentar a la mujer delante de Dios, como lo pide la palabra, con vestiduras de lino fino y blanco, y la mujer tiene que profesar delante de Dios y delante del hombre el respeto que le va a deber a ese compromiso para siempre. El matrimonio por la iglesia es un acto sagrado, pues del mismo modo que lo que mal empieza mal termina, lo que comienza bien, procede. Fíjate que no digo "termina bien "porque el Señor dice que lo que Dios une, no lo separa el hombre.

"Hasta que la muerte los separe..."; en otras palabras, nada está garantizado, y el ser humano está en constante evolución durante las 24 horas del día; por eso Dios no formó días de 72 horas, sino de 24: a la hora 1 de cada día empiezas a vivir, y a la hora 24 empieza de nuevo tu renovación, tu restauración. De ti depende pensar que "mañana será otro día, igual que hoy" o "realmente lo que hice ayer sirvió para que hoy sea mejor", o peor.

Recuerda que siempre es el momento correcto para hacer lo correcto; Dios no nos da momentos incorrectos, sino que somos nosotros los que tomamos las decisiones incorrectas. Dios siempre nos da el momento correcto: tenemos 24 horas correctas para hacer lo correcto.

Eso es el libre albedrío; Dios te ama tanto que te da el poder de decisión, y por eso el dolor tiene poder, porque si vives en tanto dolor, es porque siempre estás eligiendo.

Yo viví el dolor de mi decisión del mismo modo que viví el dolor de mi niñez, el dolor de mi adolescencia, el dolor de mi frustración y mi culpabilidad... Sin embargo, también me empoderó; ese fue el precio de mi trasformación, para convertirme en la persona que soy hoy en día.

Cuando me vine a los Estados Unidos, yo ya estaba decidida: venía con un propósito y un plan, porque ya Dios me había mostrado un camino:

-Yo no doy marcha atrás, porque Dios no te hace llegar a una tierra para retroceder, sino para que la conquistes.

Pero las grandes conquistas tienen un precio, y es el poder del dolor: yo no tuve un matrimonio con bases sólidas, porque venía de una familia disfuncional que ahora me rechazaba porque me había convertido en cristiana. Me sentía huérfana, pero me enfoqué en la pieza principal de mi ser, es decir, en mi espíritu, y eso me llevó a llenar todo lo demás.

Empecé a crecer académicamente, empecé a realizarme en otros aspectos; estaba perfecta físicamente, me sentía saludable, con energía, imparable...

Somos un rompecabezas de tres piezas muy importantes: mente, cuerpo y espíritu, y para estar sanos, para poder resistir los embates de la vida, debe haber un balance entre ellos.

Siempre nos han dicho:

-Resiste... Persiste!

Eso es verdad, pero la fórmula también funciona a la inversa: se persiste resistiendo.

Empecé a aprender esto en la iglesia; allí pude apreciar la importancia de mantener la persistencia en tus hábitos, en tu salud mental y emocional; yo no iba solamente a escuchar las prédicas domingo tras domingo, sino que aprovechaba todas las oportunidades que tenía para acercarme a la palabra y al servicio, porque me enamoré de Dios, me enamoré del acogimiento y la sanidad que Él le dio a mi alma.

Algo que el ser humano no termina de entender es que dentro de su parte espiritual no sólo está el corazón, sino que alojada dentro de él tenemos también un alma, y a los dos los debemos educar, pues de lo contrario estaremos repitiendo ciclos negativos en nuestras vidas.

La gente confunde el alma con simples emociones momentáneas y externas, pero en realidad es mucho más que eso: es esa parte de tu mente que está escondida en tu corazón y que te muestra cómo ver el mundo, cómo entender la vida; por eso es necesario educarla, del mismo modo que educas tu cerebro o tus músculos.

Esa es la razón por la que el Señor nos pide el corazón, pero no lo entendemos porque no nos tomamos el tiempo necesario para analizar la magnitud que eso tiene, y terminamos haciendo a un lado el principio más importante que puede llevar al ser humano a una restauración, a una restitución en todos los aspectos: el amor.

Este es el principio más liberador, porque nos permite romper las cadenas del odio, de la amargura, del desánimo, de la incompetencia, de la falta de valor, de la falta de dignidad; para poder estar por encima de estos antivalores y ubicarnos en el punto máximo de nuestra humanidad, tenemos que educar el corazón.

Eso es el liderazgo transformacional; sin embargo, el verdadero líder no es egoísta con su poder, sino que se siente en la necesidad de compartirlo.

El liderazgo transformacional te otorga el poder para modificar aquello que tu corazón necesita educar.

Dios te garantiza que vas a ser totalmente exitoso, totalmente feliz, pero no porque tengas una existencia "perfecta" y libre de dificultades, sino al contrario, porque la verdadera felicidad la vives cuando superas los momentos más dolorosos y de mayor hundimiento en tu vida. Cuando te ves en el vacío más grande, ahí es donde conoces la felicidad, porque sencillamente no te queda de otra: o das un solo brinco hacia la liberación de todo tu potencial, o te quedas paralizado y te condenas a ti mismo al estancamiento.

Al final, todo eso se convierte igualmente en éxito, porque para aquel que decide no hacerle caso al poder transformador que tiene dentro, es exitoso por ejemplo convertirse en drogadicto y no mirar hacia el futuro de una forma positiva.

Cada año hacemos nosotros un evento en toda la nación para los *homeless* , y a mí me ha tocado entrevistarlos, uno a uno. Yo los veo con mucha compasión, pues ahí es donde se demuestra la educación del corazón: si tú los ves con la mirada común y corriente de tu nivel académico, los vas a

contemplar como un simple número en las estadísticas;
pero si en cambio los ves desde el punto de vista del
amor, profundizando en su parte mental y emocional,
podrás entender los patrones que están repitiendo, y
esto es fundamental para aproximarnos al problema,
porque se trata de una historia que yo no conozco,
porque no la viví.

Me he puesto a hablar con ellos, y les he puesto a
elegir:

-Si tú decides restaurarte hoy, te vamos a ayudar; el
gobierno puso para ti este recurso de restauración, de
restitución, de sanidad física, mental, emocional,
económica... el gobierno te va a ayudar... el gobierno te
va a dar...

Sin embargo, aún me encuentro con personas que
me dicen:

- ¡No! Así quiero quedarme; así soy feliz: viviendo
en la calle me siento el hombre más exitoso: soy líder
dentro de mi comunidad de homeless; me siento
exitosamente feliz en la calle...

Algunos se burlan al escuchar ese tipo de respuestas; yo no. Al contrario, quiero saber más:

-Compárteme tu éxito… ¿Por qué razón te sientes exitoso en esa disfunción social en la que vives…? ¿Por qué prefieres quedarte aquí que poder dormirte en una cama, bañarte todos los días, comer comida sana, tener un trabajo, una dignidad social…? Dime…

Y varios me han contestado:

-Eso es lo que el mundo nombra como dignidad social, pero yo soy más digno que la misma sociedad…

Y yo, Silvia Maldonado, ¡estoy totalmente de acuerdo!

Cuando recibí a Cristo en mi vida, cuando yo empecé a aprender los fundamentos más importantes que Dios dejó establecidos como un manual de liderazgo transformacional, me di cuenta que no necesitas ir con una Biblia debajo del brazo diciéndoles a todos:

- ¡Aleluya! ¡Aleluya! ¡Gloria a Dios! ¡Dios te bendiga!

¡No! La gente no entiende eso porque lo analiza con la mente, pero el "Dios te bendiga" es para alguien que realmente conoce su corazón; si tú vas a compartir la palabra, que sea con alguien que de corazón la está buscando.

Muchas personas dicen:

-Es que yo busco es a Dios, y por eso no entiendo La Biblia.

¡En realidad no la entienden porque están equivocados! No se busca a Dios para entender La Biblia: Dios te busca a ti para hacerte entender tu posición a través de su palabra.

El concepto y el significado de "Biblia" es *biblioteca* ; si realmente quieres prepararte y aprender la escencia interna del ser humano y te vas a La Biblia, te vas a hacer el mejor psicólogo, el mejor mentor, el mejor en todo, porque La Biblia es la base de todo el conocimiento, la llave maestra de toda la sabiduría.

Cuando abracé a Cristo en mi vida, pude entender todo lo que me había tocado vivir, y me enamoré de esa posibilidad de comprensión; quería conocer cada vez más, no sólo acerca del carácter de Cristo, sino también acerca de cómo aplicar ese conocimiento como guía de corrección en las disfunciones familiares, sembrando el poder transformador a mis seres queridos, a mi comunidad, a mi vida…

9

Arrebatando bendiciones

———————⬭⬮⬭———————

"Dios es la Soberanía de nuestros corazones..."

Silvia Maldonado

Desde el primer momento en que llegué a la iglesia, supe esta vez no quería sólo hablar; yo quería comenzar a sembrar, a ser útil de verdad, pero tuve que calmar mis ímpetus.

-Silvia-me dijo mi pastor- tú tienes todo el potencial; traes liderazgo, pero necesitas ir paso a paso; primero debes pasar por el discipulado...

Incluso hoy en día, no quiero que mi vida se quede en la nada; aunque yo me sienta en lo mucho, sigo sembrando sin parar, porque cada semillita puede despertar la transformación en otras personas.

Siempre recuerdo algo muy importante que me dijo mi pastor:

- Todo en la vida tiene un principio y un fin, pero también tiene un proceso, y ese proceso es lo que hay que saber hacer, paso a paso...

Con apenas veintiún años, con todo lo que había vivido, con mi ímpetu espiritual, con toda esa necesidad emocional, con el impacto de no haber conseguido de Dios las respuestas necesarias para mi vida, fácilmente yo pude haberme puesto al servicio de las tinieblas, pues las puertas espirituales por donde había entrado Dios eran las mismas por donde el diablo me había intentado atrapar, sólo que yo no se lo permití, pues mi potencial está puesto al servicio de la luz.

En la actualidad, por conocimiento y por descernimiento espiritual y emocional, yo puedo leer a las personas; sin embargo, nunca me permito dar ningún paso si Dios no me dice:

-Yo estoy aquí contigo.

Veo mi trabajo como una respuesta de Dios en la vida de los demás. Nacemos con un propósito específico para el cual no hay más que un camino, pero como todo camino, lo puedes recorrer en dos direcciones; Dios tiene un plan específico para ti, pero nadie más que tú puede tomar la decisión de irse en la dirección acertada, o de moverse en el sentido equivocado.

Transitar este camino es una batalla de fe, pero "sólo los valientes arrebatan las bendiciones"; esa es una frase muy importante del liderazgo transformacional, porque para arrebatar bendiciones no necesitas tener un estatus financiero, académico, legal o material; tampoco hace falta ser narcotraficante o contrabandista de órganos, ni mucho menos tener un arma en la mano. Lo único que requieres es ser valiente, porque en el proceso va a haber momentos difíciles y decisivos; a lo mejor vas a tener que arrebatar tu bendición desde el suelo, en tu peor caída, y vas a decirle a la vida, a tus creencias o al mismo diablo:

- ¿Sabes qué? Yo arrebato lo que me pertenece; ¡a mí no me arrebatas lo que para mí fue hecho en esta vida!

Eso te transforma, te empodera; ese es el poder del dolor: no tenemos otro lugar a dónde ir después del dolor que no sea la felicidad... Ya no hay nada más.

Decía mi abuela:

-Hay quienes se enriquecen *con* la gente, y quienes se enriquecen *de* la gente...

Una sola sílaba hace la diferencia, y cuando lo llevas a la práctica en tu vida diaria, esa sílaba te puede ubicar dentro o al margen de los principios del ser humano. Aquí se aplica también que el valiente arrebata las bendiciones, porque enriquecerse *con* la gente no se refiere únicamente a dinero, sino a creer, crecer, hacer, plantar, poner... En general, todo lo que puedes hacer en la vida.

Aquel que se enriquece *con* la gente arrebata su bendición e invita a otros, porque se da cuenta de que ese es un camino que puede ser compartido.

Cuando comencé el discipulado me empecé a preparar académicamente, porque ya se había asomado en mí el deseo de servir, de formar liderazgo; sin embargo, estaba consciente de que las religiones dividen al hombre en sí mismo y lo separan de Dios.

Hay dos motivos por los cuales existen tantos grupos religiosos:

El primero es porque Dios nos hizo nacer con un propósito específico; el ser humano encuentra su verdadera identidad espiritual en Dios, pero Él nos dejó una partecita muy importante dentro de nuestro corazón, que significa un vacío, y ese vacío que todo ser humano tiene es un espacio reservado solo para Él, para Nuestro Señor; no puede ser llenado por nada ni por nadie más.

El segundo es porque hay muchos que buscan enriquecerse *de* la gente -y no *con* la gente-, manipulando las necesidades espirituales, emocionales y mentales de las personas, sacando provecho de ellas en su propio beneficio.

Esto lo digo responsablemente, después de haber estado encargada de llevar las finanzas en diversas instituciones y organizaciones religiosas: los asuntos de la fe se convierten en un negocio redondo cuando no hay pureza de corazón.

Yo defiendo la decisión de buscar a Cristo, de tener esa transformación personal, y para eso es que Cristo te pide tú corazón, y te lo pide de forma personal; Él no necesita intermediarios para salvarnos, pues para eso murió por nosotros en la cruz; no lo hizo para volverse el héroe del mundo…

Nosotros hemos puesto a Dios como un héroe, para hacerlo un símbolo de división, un símbolo de mortandad; el ser humano mata en el nombre de Cristo, en nombre de Cristo se atropellan los derechos de los demás; eso lo sufrimos tanto mi familia como yo, hasta el momento en que Cristo mismo llegó a impactar en nuestras vidas de una manera firme y contundente.

Yo empecé mi liderazgo con la guía de un pastor excelente; mientras muchos pastores presumían de todas sus credenciales teológicas, él simplemente fue un hombre que le hizo caso al llamado directo del Señor, y siendo un pastor laico, se preparó intensamente para enseñarle a la iglesia.

Por supuesto que necesitaba ciertos principios de disciplina y orden en cuanto al estudio académico, teológico; pero en cuanto al llamado y el mensaje específico de lo que tiene Dios para el ser humano, fue lo primero que él empezó a hacer: enseñar el Evangelio, dar el Evangelio.

Muchos decían:

- Este pastor empezó al revés!

¡Pero no! Él empezó por donde debe empezar todo ser humano: por una experiencia personal, específica, interna y profunda con Dios; es así como el Espíritu Santo educa el corazón.

Ya había pasado un año de yo haber sido discipulada, y mi mamá seguía intentando rescatar a mi papá con brujería y santería; ambos se negaban a aceptar a Cristo, pero yo veía su resistencia como un reto, porque los valientes arrebatan las bendiciones.

-Señor- le decía yo a Dios-, el mundo quiere robarles a ellos la oportunidad de ser libres, pero yo voy a arrebatar esa bendición Señor, porque es para nosotros... Sé que Tú vas a transformar la vida de mi familia, y ¿sabes qué? No voy a hablarles más a ellos de Ti, pero voy a seguir dándote lata a Ti por ellos de día y de noche, sin parar ...

Un aspecto fundamental en el desarrollo de la parte espiritual es nunca creernos lo que otros nos dicen, nunca dejarnos llevar; por el contrario, hay que investigar, convencernos por nosotros mismos, tener nuestras propias experiencias.

Mi pastor me lo explicaba así:

-Silvita, nunca te guíes solamente por lo que yo te digo, porque el plan que Dios tiene para ti es diferente al que yo pueda tener, aunque yo haya sido el que te haya dado Su mensaje...

Hasta eso dispuso Dios en su gran plan para mí, y por eso también puedo detectar a los que solo quieren manipular, enriquecerse de la gente, y les cuestiono:

-A ver... ¿Dónde está la ayuda? ¿Dónde está el crecimiento espiritual? Esta persona necesita ayuda espiritual... ¿Dónde está el crecimiento? ¿Qué se le está ofreciendo? ¿Qué se está haciendo por esta persona? Eso no necesita de tanto; eso no necesita de tu cartera ni de la cartera de nadie.

Dentro de los principios de Dios, sabemos que a Él le pertenece todo lo que somos y todo lo que tenemos, porque de Él viene y a Él va; eso quiere decir que si tú estás de corazón en una organización, debes dar con alegría de corazón y con serenidad de tu conciencia. Dios bendice al dador alegre, pero es muy diferente que tú estés en una organización y te pidan dar a la fuerza, por obligación; eso causa estrés, amargura, desánimo...

Literalmente, dar desde ese estado emocional es como envenenar el banquete.

Créeme: me he sentado con muchos pastores y he recibido muchas humillaciones por hablar de estos temas; sin embargo, yo estoy comprometida con la verdad.

En muchas ocasiones les he dicho:

-Esto no es lo que Dios nos manda; usted no está haciendo lo correcto ante Dios. Le pido perdón a las personas que llegan a usted buscando orientación, ayuda y consuelo, porque sus vidas no están siendo transformadas, sino usadas, y eso es algo que Dios no admite.

La lucha ha sido fuerte, pero gracias al Señor, nunca he hablado por mis propias palabras o por lo que yo creo, sino por las bases específicas de lo que es una experiencia real con Dios, y para eso tampoco hay estudios académicos teológicos; simplemente se necesita establecer una relación profunda, individual y única con Dios; eso es todo. Ya es hora de entender que Él es la pieza más importante del ser humano.

Yo empecé a servir, me empezaron a preparar para Escuela Dominical, pero antes tenía que haber esa transformación; cualquiera puede hacerse pastor, pero no cualquiera tiene una experiencia realmente profunda y real con Dios; esos son muy pocos, y por eso dice la palabra: "Muchos son los llamados, y pocos los elegidos" ...

El camino de la vida, el que te lleva a la verdadera felicidad tanto terrenal como eterna, es tan angosto que sólo entran unos pocos, pero no es porque Dios lo haya hecho así, sino porque somos nosotros quienes elegimos; ese es el libre albedrío con el que Dios nos deja nacer.

Desde que nacemos, es el albedrío que nos reta desde cómo aprender a llorar hasta cómo aprender a bien morir, porque a veces, morir también es nuestra elección.

Cuando empecé a trabajar en la iglesia, me dije:

- Disfunción familiar... Entonces, es así como se llama todo lo que yo he vivido... ¡Yo necesito ayudar a las familias!

Cuando me empecé a involucrar en el servicio, la gente llegaba a mí de la nada a contarme sus penas, y yo descubrí que podía resolver, podía orientar, podía encaminarlos a que encontraran sus propias respuestas, porque el propósito de Dios para cada ser humano es distinto y está ubicado en diferentes plataformas. Tal vez yo no tengo las respuestas que tú necesitas, pero sí puedo ser la que te dé una pista de dónde, cuándo y con quién encontrarás las mejores respuestas de acuerdo al propósito que Dios tiene para ti.

El llamado de Dios para la mujer no incluye el hacernos pastoras, pero Él nos dio otros tipos de liderazgo en muchas facetas de Su palabra. El rol de la mujer tiene una fuerza y un poder sobrenatural muy importante: las mujeres somos edificadoras de hogares, cultivadoras de sentimientos, arquitectas de la parte emocional y espiritual de la humanidad.

Cuando yo empecé a entender nuestro rol, también empecé a analizar cuáles habían sido las disfunciones que habían llevado a mi familia a vivir lo que vivimos, y cuáles estaban siendo las disfunciones de las otras familias que yo estaba atendiendo.

Muchas veces nosotros mismos nos generamos la infelicidad, por la forma en la que le respondemos a Dios con nuestras acciones; no es que Dios sea vengativo ni que quiera castigarnos, sino que la forma en que vivimos y nos comportamos es la manera en que nos comunicamos con Dios; Él observa nuestras acciones y la verdad de nuestro corazón, y nos responde en nuestro mismo idioma.

Dios concede las peticiones de nuestro corazón, porque allí está nuestra verdad; tú le puedes pedir mucho con palabras, con pensamientos, pero lo que Él realmente va a escuchar es lo que tienes en tu corazón; incluso aquellas cosas de las que no se habla, aquello que nadie conoce de ti, porque Él es Dios, y conoce tu interior.

Empecé a prepararme y en poco tiempo llegué a ser Directora de la Escuela Dominical; en ese momento era una congregación con más de 1.500 miembros, todos practicantes de una sana doctrina: se trataba de personas que realmente tomaban la responsabilidad de una transformación profunda en sus vidas; ellos no creen que Dios está para ser usado, ni que Él quiera usarnos a nosotros.

Comencé como estudiante de la escuela, pero al poco tiempo me asignaron para dar clases: primero a los niños más pequeños, luego a los más grandecitos y después a los jóvenes; allí me encontré con muchachos que habían cometido delitos graves, incluso crímenes; muchos habían llegado con intenciones de sabotear nuestra congregación, pero terminaron siendo totalmente transformados gracias a que pudieron recibir el evangelio y la orientación que no se les estaba dando, ni en sus familias ni en la sociedad.

En ese tiempo yo era una jovencita de 21 años, pero al mismo tiempo ya era una mujer casada, con una niña, con un marido… Tenía una madurez personal, pero también estaba en la capacidad de entender a estos jóvenes, y ellos me seguían; mi casa era el centro de operaciones, donde nos reuníamos para estudiar La Biblia y aprender sobre muchas otras cosas, incluso cómo socializar sanamente.

Una de mis convicciones más profundas es que el ser humano tiene la necesidad de servir, porque en el servicio se descubre a sí mismo mientras guía a otros a que descubran su potencial. Entendí que todo lo que Dios me había dado durante la época de dolor de mi niñez y mi adolescencia eran herramientas que Él mismo estaba usando, una a una y de manera específica, para apoyar el deseo de mi corazón de servir a los demás.

Tú no puedes pagar por nadie, y nadie pagar por ti, pero sí puedes enriquecerte *con* la gente, y no *de* la gente. No todo lo que deslumbra es oro: hay muchas personas rodeadas de abundancia material, que sin embargo viven profundamente desdichadas, sumidas en los vicios y hasta en ideas de suicidio, porque nunca se encontraron a sí mismas; tal vez su fortuna les costó el precio de su dignidad, del honor de su familia, de la traición.

Todo aquello que te causa dolor te roba lo que realmente vales; por eso insisto en que el dolor del ser humano tiene un poder en sí mismo: poder de destrucción y poder de reconstrucción.

Cuando me empecé a involucrar en el servicio a los demás, pude ver el crecimiento, el cambio espiritual de las personas a quienes yo podía tocar con mis acciones; yo fui parte de esa evolución, pero no fue lo que yo hice lo que impactó sus vidas, sino lo que hizo el Señor canalizando Su voluntad a través de los corazones de muchas personas que, como yo, necesitábamos genuinamente ese poder de transformación y nos acercamos a tomarlo.

Mucha gente piensa que para tener liderazgo se necesita un traje, una corbata; yo les aseguro que el verdadero liderazgo no es apariencia, sino una fuerza avasallante que emana del corazón.

Mi pastor era el vivo ejemplo de ello: era un hombre tan sencillo, tan bonachón, que parecía que todo el tiempo se estaba riendo; siempre estaba dispuesto a servir, y nunca se exaltaba, nunca se airaba. Eso sí:

cuando tenía que hacerlo, hablaba con mucha autoridad: sí era sí, y no era no.

Nunca tenía inconvenientes para reconocer cuando se equivocaba, y siempre tuvo claro que él no era más que Dios, ni tampoco era el punto de credibilidad de las personas que lo estábamos escuchando, porque aún él mismo podía equivocarse y él mismo necesitaba de Dios, tanto o más que nosotros; era tan ajeno a las ansias de poder que llegó incluso a eliminar los niveles eclesiásticos dentro de su ministerio cristiano.

Gracias a él tuve muy buena fundación, muy buen cimiento en la parte espiritual; no era perfecto, pues también cometió errores, pero cuando alguien te ha enseñado genuinamente que el error es un proceso humano, estás en la capacidad de pensar:

-Ahora llegó el momento de que nosotros hagamos con él lo que él ha hecho por nosotros: vamos a ayudarlo, vamos a apoyarlo... Vamos a eliminar esa crítica, ese juicio, esa condena...

Por supuesto que no me estoy refiriendo a errores aberrantes, porque obviamente una persona que está guardada en la voluntad de Dios no va a cometer las mismas fallas que una persona sin Cristo: no va a atacar, no va a atentar en contra de la salud mental, espiritual o física de alguien... ¡Nunca!

En este caso se trató más bien de errores en decisiones relacionadas con las finanzas o la organización de la iglesia y que a veces afectaron la disciplina o la forma en la que se estaban llevando ciertos programas, pero al final se imponía su pureza de corazón: nuestra iglesia empezó a prosperar, empezó a ser renombrada y empezó a hacerse de pastores.

Él formó la primera Asociación de Pastores en Irapuato; no importaba de qué iglesia vinieras, siempre y cuando pertenecieras a alguna denominación cristiana; no se enfocaban en ninguna en particular, pues la verdadera finalidad de esta organización era levantar líderes espirituales que trabajaran unidos también con el Estado; no era sólo para ver qué podían hacer las iglesias, sino también para analizar de qué forma los gobiernos podían colaborar para el bienestar espiritual y social de la comunidad en general.

Tuve el honor de ser una de las primeras mujeres jóvenes elegidas para integrar ese comité; nos enfocamos en generar bienestar y llevar el mensaje sano y puro del Evangelio, que es al fin y al cabo lo que Dios nos ha pedido; ese es Su único mensaje, tan sencillo de entender y a la vez tan difícil de llevarse a cabo, que tal vez por eso la gente lo ha complicado.

Nos cuesta creer que sea tan fácil para Dios tomar el control de nuestra vida y comenzar a pulirla como el diamante que es.

10

La llave maestra de la realización

———◦⟨∞⟩◦———

"Lo que nos detiene es el EGO, que no permite ver las Fortalezas…"

Silvia Maldonado

Ceder a Dios las cosas trascendentales de nuestra vida no es fácil, pero aunque no lo creas, es la fórmula mágica de la verdadera realización; no es lo mismo navegar a la deriva en un mar agitado, que hacerlo en manos del mejor Capitán.

El dolor te empodera, así que no le temas; nadie toma una decisión con la intención de sufrir, sino todo lo contrario: buscando una solución. El problema está en que sin la orientación y la claridad necesarias, corremos el riesgo de dar pasos en el aire, bien sea que se trate de una brisa suave o de un huracán, como me pasó a mí.

Yo tomé una decisión buscando que mi mamá reaccionara y se liberara del círculo de violencia en el que estaba viviendo; en principio, mi intención era buena, pero eso no fue suficiente, porque se trataba de algo que envolvía mi futuro, envolvía mi vida y envolvía lo que Dios quería para mí.

Créeme: Dios no desperdicia absolutamente nada de nosotros; Él es tan maravilloso, tan grandioso y tan amoroso, que incluso las partes más toxicas de nuestras decisiones las transforma y las canaliza, convirtiéndolas en herramientas de crecimiento y empoderamiento para nosotros. Sin embargo, para que esto ocurra es necesario que nos atrevamos a hacer lo correcto en el momento correcto, porque todo se conjuga; es como una fórmula: no puedes obtener una cantidad pareja con puros números nones, y por eso existen los nones y los pares.

Siempre hay varios caminos que nos pueden conducir al mismo resultado: para obtener el mismo 10, puedes multiplicar, puedes sumar, puedes restar, puedes dividir, y de cualquier manera vas a obtener tu 10.

La pregunta entonces es… ¿quieres dividirte en tu vida?, ¿quieres sumarte?, ¿quieres restarte?, ¿quieres multiplicarte? … Porque Dios, en su gran sabiduría, puede hacer cualquiera de las 4 cosas en nuestro beneficio; Él nos señala internamente qué tipo de decisión debemos tomar, y cuando tomamos las decisiones correctas por las razones correctas, se crea un *momentum* que se convierte en una clave para entendernos a nosotros mismos.

¿En qué momento sumas? ¿En qué momento restas? ¿En qué momento

multiplicas? ¿En qué momento divides y por qué? ¿Qué te llevó a dividir aquí? ¿Qué te llevó a sumar acá? ¿Qué te llevó a restar allá? …

En este sentido también es fundamental mantener el análisis de las 24 horas de tu día, registrando hasta lo más superfluo: ¿Cuáles fueron las fortalezas y las debilidades que tuviste qué enfrentar en este día? ¿Cuáles son los riesgos que necesitas o deseas tomar?

De esa manera, puedes decir:

-A ver... Voy a tomar el riesgo aquí, para ver si me multiplico o me sumo...

O también:

- ¿Sabes qué? No me funcionó; entonces aquí toca dividir esto de esto... Porque esto no me está sirviendo; al contrario, me está restando, entonces tengo que quitarlo...

Pero si esto lo resto aquí, lo puedo sumar acá y me va a llevar a que lo multiplique acá...

Y así por el estilo...

Podríamos pensar que el multiplicar amplía las posibilidades de algo, y que el dividir las reduce; sin embargo, no es tan simple. Es cierto que algunas divisiones hacen sufrir, generan errores y maldad, pero hay otras que son necesarias.

Poniendo como ejemplo mi propia vida, una división radical y dolorosa fue la decisión de mi divorcio; tuve que ser valiente para atreverme a dividirme y poder arrebatar las bendiciones que me correspondían después de 17 años de matrimonio, en los cuales había intentado por todos los medios hacer que las cosas tuvieran sentido. Por mucho que yo me esforzara, la dirección en un hogar siempre la determina la posición del hombre, y en mi matrimonio eso nunca funcionó.

Yo estoy en contra de que se ataque al hombre, pero no por una simple solidaridad superficial, sino por el valor que Dios ha puesto en él; es verdad que actualmente muchos caballeros no están honrado ese rol que Dios les ha asignado, pero aprender a respetar la posición del hombre en todos sus aspectos y en todos los roles de su vida es también una forma de adorar a Dios, de creer en la perfección de Su creación.

Yo respeto al hombre porque sé que Dios le dio un liderazgo que no es nada fácil, y por si esto fuera poco, las mujeres lo hacemos aún más difícil: cuando nos encueramos, cuando nos portamos adversas, cuando nos desvestimos por fuera en lugar de desvestirnos por dentro delante de Dios, para que Él nos cubra con su gracia.

Lamentablemente, nosotras las mujeres nos convertimos en la desgracia de muchos hogares; hay mujeres que rompen matrimonios, mujeres que se prestan para andar de cama en cama, de pantalón en pantalón; en cambio, cuando una mujer quiere defender el honor del hombre, el honor del padre de sus hijos, el honor del líder de su comunidad, el honor de un líder religioso, muchas veces le paralizan ese derecho y no se lo dejan ejercer.

El papel del hombre en el mundo es muy, muy difícil, y Dios puso en la Tierra a la mujer precisamente para apoyarlo e impulsarlo a cumplir su misión; Dios nos hizo edificadoras de los hogares, constructoras de familias firmes, y nos abrió las puertas del liderazgo comunitario.

En el mundo de Dios hay muchas Déboras, muchas Marías, muchas Martas… Ellas no fueron otra cosa que líderes comunitarias reconocidas en la palabra de Dios; el ministerio de Jesucristo con sus 12 apóstoles subsistió gracias a que en cada ciudad y cada lugar a donde llegaban había un grupo de mujeres que les cocinaban, que los atendían, que les proveían y les ponían la plataforma para que ellos pudieran cumplir con sus responsabilidades y sus deberes de varones.

El gran error que estamos cometiendo es que hoy en día la mujer está peleando por ocupar el mismo lugar del hombre, y esto es gracias a las ideas que ha promovido el supuesto feminismo; digo "supuesto", porque considero que eso no es más que una patraña para sacarles dinero a los programas, a los gobiernos, a las instituciones, pero feminismo no es, porque si lo fuera, veríamos a esas mujeres cuidando celosamente de sus familias y de sus hogares.

Yo iré a una marcha de mujeres el día que yo vea que esas damas están conscientes de los principios que con su ejemplo les están enseñando a sus hijos; estaré a favor del supuesto feminismo el día en que esas mujeres que levantan su voz contra los abusos de los hombres sean capaces de reconocer igualmente los abusos que nosotras cometemos contra ellos, porque Dios hizo al hombre y a la mujer, y no puedes pelear por el feminismo mientras no pelees también por los derechos del hombre, porque juntos somos complementos necesarios para la vida.

Cada ser humano tiene un propósito específico, y dice la palabra que ninguno va a pasar por ignorante ante Dios, ni siquiera el que no sepa leer ni escribir, porque el conocimiento de Dios no necesita lápiz, sino corazón; del ahí emana todo lo positivo y todo lo negativo del ser humano.

Si en este momento me preguntaran:

-Silvia, ¿es que ahora estás de acuerdo con la violencia doméstica?

Mi respuesta por supuesto es No.

- ¿Estás a favor de que los hombres sigan asesinando, atacando y violando a las mujeres?

No, no estoy de acuerdo.

- ¿Estás de acuerdo en que la mujer sea puesta en una posición tan equivocada, tan indigna, tan decadente, en todos los aspectos de la vida: en el entretenimiento, en lo profesional, en lo moral, en lo espiritual?

No, no estoy de acuerdo; pero ahora pregunto yo:

- ¿Qué está haciendo la mujer para solucionar todo esto?

Salir a dar de gritos en contra de los hombres.

- ¿Hay algún problema en que una mujer se prepare, sea profesionista igual que un hombre?

No.

- ¿Hay problema en que una mujer agarre un perforador de banquetas como lo agarra un hombre?

No, no hay ningún problema, excepto que ése no es el problema: el problema es que estás peleando sin ni siquiera saber por qué estás peleando.

Si vamos a hablar de productividad económica, el 73% de los hombres en el mundo produce el mayor porcentaje de recursos financieros para sus hogares, para la sociedad, para todos. De las 24 horas del día, el hombre está en ese 73% de proactividad, mientras que la mujer invierte ese 73% en actividades que no son productivas financieramente, pero que sustentan la productividad del hombre y le abren el camino para que pueda desarrollarse: cuidar de los hijos, cuidar su respeto, cuidar su persona, cocinar, lavar, incluso salir también a trabajar, produciendo dinero para apoyar con los gastos, y de esa manera abrir otras ventanas y otras puertas de oportunidades para su familia.

Quienes pelean a favor del feminismo están peleando mal y desde un concepto preconcebido e incorrecto. Es verdad que hay muchos abusos y que la posición de la mujer en el mundo está en decadencia, pero para recuperar nuevamente el respeto hacia nosotras, debemos actuar al revés de la forma en que lo estamos haciendo.

Hay un canto que adoro, que dice así: "No es con espada, ni con ejército, más con su Santo Espíritu…"; esto es lo que necesitamos entender: el feminismo trae espada, quiere derrotar una fuerza generacional imposible de ser derrotada, y mientras más luchemos de esa manera, más abusos y más feminicidios vamos a tener, y más violencia en contra de nosotras mismas estaremos promoviendo.

En cambio, si las mujeres peleáramos con las armas poderosas y únicas que Dios nos dio, la historia sería muy diferente, porque Él nos hizo únicos, tanto al hombre como a la mujer, y por eso nuestros roles también son únicos: el hombre no debe competir con la mujer, ni ella con él.

Un hombre no da a luz hijos, pero no es un castigo que las mujeres suframos dolores de parto; de hecho, ese es el dolor más precioso que podemos vivir: cuando oyes llorar a ese nuevo ser, el impacto del dolor desaparece y tu bebé se convierte en la mayor felicidad.

El hombre que comete feminicidio está abortando su derecho a ser digno y respetado, y las mujeres que están peleando a favor del feminismo están atentando contra su propia naturaleza.

Si vamos a pelear por el feminismo, vamos a luchar porque el hombre aprenda a valorar a la mujer como manda Dios: como vasos frágiles y preciosos; pero para que eso sea posible, nosotras debemos asumir esas mismas cualidades: siendo sabias, diligentes, prudentes en nuestro hogar, en la sociedad, en nuestros trabajos y con nosotras mismas.

No hay nada de malo en que una mujer sea arquitecto o ingeniero, ni en que un hombre sea estilista o cocinero; todas las profesiones y todas las actividades de la Tierra las podemos realizar ambos por igual, pero un hombre jamás va a parir un hijo como una mujer, ni una mujer jamás va a engendrar un hijo en un hombre.

Entonces ... ¿Qué estamos peleando?

Lo único que necesitamos y que necesita la sociedad es que ejerzamos de una vez por todas los roles que nos corresponden. Quienes pelean por los derechos de la mujer deberían estar abogando para que paras los hijos que tienes que parir; eso nos devuelve el respeto y la dignidad.

Ser feminista de verdad es enseñarles a tus niñas desde salen de tu vientre cómo y para qué han sido creadas; es tiempo de enseñarles que si se van a desnudar no sea del cuerpo, sino de la mente y el espíritu; que no se dejen tocar, que no consuman drogas, que sepan relacionarse con las personas correctas, que conserven sus matrimonios, que empiecen a ver que Dios estableció unos principios para que un matrimonio sea bendecido, porque los valientes arrebatan la bendición.

La bendición que vamos a arrebatar de la sociedad es el bienestar de nuestros hijos, y lo vamos a lograr peleando con las armas que nos corresponden, dándonos y exigiendo el respeto que nos merecemos como mujeres que somos, porque es muy fácil decaer, y

Silvia Maldonado

cuando una mujer le es infiel a un hombre, le está siendo también y en primer lugar infiel a Dios; Él es el más traicionado y ofendido.

En mi opinión, en lugar de estar peleando allá afuera en pro de un movimiento feminista, las mujeres deberíamos empezar a tomar con seriedad y compromiso el verdadero rol que Dios nos ha dado: empezar a edificar y volver a los principios básicos de la felicidad, empezando por nosotras mismas, porque nadie puede dar lo que no tiene; nadie puede hablar de lo que todavía no ha experimentado.

Es una vergüenza delante de Dios el no saber defender tu posición como mujer por creer que estabas supuestamente defendiendo esa dignidad, tal y como le ocurría a mi mamá cuando no concebía separarse de una persona cuyo vicio destruía nuestras vidas, pensando que eso era lo mejor para nosotros.

Ser padres es una corresponsabilidad divina, porque Dios pone en nuestras manos a nuestros hijos, esos seres frágiles que no pueden ni saben cómo

145

defenderse por sí mismos, y durante una buena parte de sus vidas somos nosotros quienes establecemos las directrices para que se cumplan sus destinos; es un gran y maravilloso honor si logramos tomar las decisiones correctas, porque de lo contrario, podemos destruir esas vidas.

Todo está en nuestra capacidad de decisión y discernimiento, si nos mantenemos aferrados a Dios y actuamos como sus instrumentos.

11

"Guárdame como a la niña de tus ojos ..."

———— ◦⊗◦ ————

"No importa cuales sean tus creencias ni tu cultura; las
personas heridas tenemos que ir a Jesucristo..."

Silvia Maldonado

En mi labor con las familias, recuerdo en especial a una muchacha con la que me identifiqué mucho, al punto de verme reflejada en ella como si fuera un espejo. Era hija de una madre soltera que luego se había casado con un hombre terrible que las maltrataba.

Buscando ponerle fin al círculo de violencia que se vivía en su casa, un día esta joven le dijo a su mamá:

- O te dejas a éste tipo, o yo me voy con el primero que pase...

Su mamá nunca dejó al tipo, y la hija cumplió su promesa: el primero que pasó fue un narco mexamericano que la deslumbró con carros, joyas y regalos y la convenció de venirse para los Estados Unidos; una vez aquí se casaron por el civil, pero al poco tiempo ella pudo darse cuenta de que él no se había casado por darle el honor que merecía, sino porque le convenía usarla para sus fechorías.

Un día, sin más ni más, llegó drogado con dos cuates y le dijo:

-Pos, es mi fantasía, así que órale!

Entonces fue cuando ella se dio cuenta de las consecuencias de su decisión, porque no más lo había conocido un mes y se había casado con él, y todo por una amenaza que le hizo a su mamá.

Entonces comenzó a preguntarse:

- ¿Qué pasó? ¿Con quién me casé?

Pero ya era demasiado tarde; después de ese episodio, el hombre decidió convertir a su esposa en un negocio y empezó a prostituirla; por supuesto ella cayó en depresión y empezó a usar drogas: cristal, marihuana; empezó a consumir todo lo que este cuate vendía, pero no lo hacía sólo por escapar mentalmente del maltrato de su marido, sino también por aliviar su propio sentimiento de culpa al darse cuenta de que en el fondo todo eso era su responsabilidad.

Estando embarazada la agarró la policía robando en un supermercado, y finalmente fue a la corte, donde la refirieron a mi Programa de Prevención del Abuso Infantil, de Negligencia y Violencia Doméstica; me asignaron el caso y empecé a platicar con ella.

La primera vez, casi no habló; era evidente que tenía miedo, y no era para menos:

luego descubrí que él la tenía amenazada de muerte a ella y también a su familia en México si decía algo de lo que allí estaba ocurriendo.

Sin embargo, el don del discernimiento me permitió darme cuenta de muchas cosas importantes; le dije a mi jefa:

-Estoy asistiendo a una casa donde no me siento segura, pero el caso de la muchacha me interesa mucho; ella requiere ayuda. Necesito que nos mantengamos monitoreando la situación, porque ahí hay algo; esto es más que un simple caso de violencia doméstica…

El pretexto de su embarazo me permitió seguir visitándola. Un día llegué y me encontré con 3 jovencitos; uno de ellos me habló:

-Y tú… ¿qué quieres aquí?

-Me mandaron del condado a dar educación para familia…

-Pos, cualquier cosita que veas aquí que no te guste, na más tú ponlo mejorcito ahí en tu reportito, para que estés bien…

Entonces le respondí:

-Yo estoy bien… ¿Tú estás bien?

Él se me quedó viendo y me dijo:

- ¿A qué vienes?

-Pos ya te dije, vengo a darle educación prenatal a la muchacha, porque va a tener un hijo; estoy tratando de conseguirle también una carriola y otras cosas más para el bebé.

-Ohhh! ¿También dan eso?

-Sí... -le respondí intentando hablarle de acuerdo a su mentalidad- estoy haciendo los trámites; tú sabes: en este país ayudan cuando uno se pone...

-Ookey- me dice por fin- Si vas a traer esas cosas, entonces sí, puedes venir. Ya no te voy a preguntar más nada, tú nomás haces eso.

Empecé a ir con más frecuencia, y cada vez ella me soltaba más y más cositas, hasta un día en que llegué y la encontré toda golpeada, con la cara y el cuerpo llenos de hematomas.

-¿Qué te pasó?

-Profe... es que me pegaron, porque yo ya no quiero...no quiero... yo estoy embarazada... no quiero...

Y me empezó a contar su historia.

-No te preocupes- le dije yo- Vamos a sacarte de aquí; tienes que irte.

Gracias a Dios pudimos rescatarla, y desde aquí logramos garantizarle protección a su familia en México; por fortuna al patán lo agarraron in fraganti un tiempo después y terminó en la cárcel con toda su banda, así que ya podíamos sentirnos más tranquilos.

Ella dio a luz a su bebé e inmediatamente obtuvo sus papeles debido a la violencia que había padecido; de hecho, no calificaba para uno, sino para dos tipos de visa: la visa T y la visa U.

Desde el primer momento yo ya sabía lo que estaba pasando, pero tenía que actuar con cautela para poder salvarles la vida a ella y a su criatura; afortunadamente había cierta seguridad para el bebé, porque ese muchacho vio realizado su ego en ese niño y en cierta manera lo quería, pero a ella no, y siempre la estaba amenazando:

-Te lo voy a quitar… ¡Es mío, no tuyo! Recuerda que tú no tienes papeles; el día que se me dé la gana te mando para México.

Él no se sintió con la valía de plantarse a su lado, como su compañero en el camino, pero eso es algo que pasa mucho en esta época, pues ahora los hombres prefieren las compañeras cibernéticas a las mujeres reales de carne y hueso, para así evitarse la flojera de conquistarlas, de traerles una flor, de tener con ellas una atención, una conversación…

Sin embargo, eso es lo más bello que un hombre puede otorgarle a una mujer; ahí está nuestra humanidad. Si el hombre aprendiera a tratar a la mujer como un vaso frágil, ella sería capaz de ponerle hasta los zapatos sin él tener que pedírselo.

Un hombre que realmente trata a su pareja como ella se lo merece, siempre va a tener a su lado una mujer que lo va a desear, que lo va a apoyar y que lo va a respetar; en cambio, una mujer que no se comporte como tal, y que aunque el hombre la enseñe, la eduque y la trate como lo que es, no tome la decisión de dignificarse y respetarse a sí misma, no tiene derecho a exigir que ese hombre pierda su respeto propio ni su dignidad quedándose a su lado; al contrario, tocó retirada: su camino no es junto al de ella. Ahí aplica la ecuación de la división.

Por eso insisto: no hay excusas para que los hombres y las mujeres nos estemos peleando por el poder, porque nunca vamos a tener los mismos roles ni en el mismo nivel, sino que nos complementamos.

El hombre que no valora a la mujer que cuida de su hogar no necesita ser atacado, porque de todos modos, tarde o temprano, Dios lo va a quitar del camino de esa mujer. Lo digo porque yo lo viví.

Dentro de mis atribuciones como especialista en Desarrollo Familiar y Social, yo era la encargada de estructurar el "Plan de Éxito Familiar", un programa de orientación familiar basado en principios espirituales; entre otras cosas, nos ocupábamos de hacer un diagnóstico de la situación espiritual de la persona: ¿En qué iglesia estás? ¿Quién te está orientando? ¿Cómo te están orientando? Y si no tienen a nadie, nos encargábamos de hacerles conexión.

Cuando aquella muchacha terminó con los programas y el plan de orientación, en teoría ya estaba lista y fortalecida para retornar al mundo; recuerdo que le dije:

-Los valientes arrebatan las bendiciones, y tú eres valiente... ¡Vales mucho!

Ella me miró unos instantes y luego me respondió:

-Silvia, ¿de verdad tú crees que yo aún valgo, después de todo lo que he vivido?

-Claro que vales! – le respondí- Y mucho! Te voy a decir algo: la razón por la que los hombres cometen crímenes en contra de nosotras no es porque carezcamos de valor, sino todo lo contrario: es porque valemos demasiado, y ellos se sienten realmente cuestionados por la responsabilidad que tienen con nosotras. Por eso prefieren mantenerse en una guerra de poder: "yo te quiero", "yo te someto", "yo soy tu dueño", "yo te subestimo", "tú eres mía" ... Nuestro problema como mujeres es que no conocemos nuestro propio valor, y el problema de los hombres es que no saben el tesoro inmenso que Dios les da cuando pone una mujer en sus vidas, y se empeñan en seguir buscando tesoros en lo vano: el dinero, los crímenes, las actividades antisociales. También es verdad que algunas mujeres no defienden el respeto y la dignidad del hombre; tú por ejemplo, decidiste casarte por motivos totalmente equivocados, y él lo sabía: sabía que tú no aguantabas estar en tu casa, sabía que te querías salir de ahí, y se aprovechó de tu debilidad. Además, te vio hermosa, te vio digna, te vio valiosa, como lo que eres: la niña de los ojos de Dios... Entonces dijo:

-¡Esto me sirve a mí! Y te tomó para él, pero no para amarte y respetarte, sino para alimentar su ego, su vanidad y el poder maléfico que hay en todo hombre cuando no está estructurado en la gracia de Dios. El poder que se nos otorga a las personas puede servirnos para ayudar a los demás o para envanecernos; si lo ocupamos para lo segundo, a la larga terminará devorándonos; en cambio, si le damos el uso correcto, nos servirá para ser felices, haciendo felices a los demás.

La función del hombre es muy importante, pero la función de la mujer también lo es, sólo que nosotras no hemos sabido defender nuestra posición; si desde el primer día tú te hubieras negado a...

-Es que me dio mucho miedo- me interrumpió ella- pensé que me iba a matar...

-Yo no digo que no, pero después de que pasó eso la primera vez, hubieras buscado ayuda... O me lo hubieras dicho desde el primer día que conversamos; sabías que podías contar conmigo.

Este es sólo uno de los innumerables casos que podría contar, en los que me he encontrado con personas y con familias que pueden tener una salida bajo la transformación del poder de Dios; ahí es donde entro yo, pues tengo la misión de tocar bases espirituales, porque lo estudié; la única condición es respetar las creencias religiosas de cada quien.

12

Dócil a los designios de Dios

———— ⟨◦⟩ ————

"El valor para permanecer de pie en medio del Dolor
se encuentra en la gracia de Dios..."

Silvia Maldonado

Estando aun casada me vine para los Estados Unidos, con tres propósitos fundamentales: ver y refugiarme en mi familia, sanarme internamente y seguir creciendo en mi fe.

Traía una doble responsabilidad, porque mi familia no conocía de las cosas de Dios, aunque como resultado de mucha oración ya habían tenido contacto con algunas iglesias, y por lo tanto ya estaban listos para que yo viniera.

Dios me regaló el gran momento de poder ver a toda mi familia convertirse a Cristo en un mismo servicio; esa y muchas otras cosas me estaba dando Dios que eran como un bálsamo para mi alma, pero todavía necesitaba definir qué iba a pasar con mi matrimonio, pues aunque el principio no estuvo iluminado por los designios de Dios, en ese momento yo estaba decidida a no dar ni un solo paso sin Su consentimiento.

Cuando entré en la iglesia fue que internalicé la importancia, la seriedad, la trascendencia de un vínculo como el matrimonio. Afortunadamente mi esposo y yo sólo nos casamos por el civil; nunca lo hicimos por la iglesia, precisamente porque él no quiso hacerlo, a pesar de que el pastor le insistía:

-Es tu responsabilidad... Tienes que presentar a Silvia delante de Dios.

-No tenemos para la fiesta- respondía él.

-No te apures! La iglesia te hace la fiesta... Yo hablo con todos los hermanos, ¡ya verás! Vamos a hacer todo lo necesario para que ustedes se casen, pero eres tú quien debe tomar consciencia de la responsabilidad de casarte por la iglesia, por Silvia y por tu niña. Sin embargo, nunca quiso hacerlo, y yo no le iba a rogar; eso sí es feminismo: ejercer la posición que Dios me dio en la Tierra, femeninamente hablando. Yo soy la perla de los ojos de Dios, yo soy hija de un gran Rey, yo soy hija de mi Señor. Dios me dio un rol específico del cual yo no me puedo escapar, para el bienestar de esta sociedad; esa es mi responsabilidad, y al mismo tiempo mi privilegio: no puedo dar ni un paso atrás, ni tampoco un paso adelante.

En el fondo, yo seguía pensando en el divorcio, pero aún no había llegado el momento de tomar esa decisión; estaba recién llegada a este país y tenía que asumir mi realidad.

Después de llevar a mi familia a la iglesia, inscribí a mi hija en el pre-kínder y comencé a buscar trabajo; habían pasado sólo 15 días desde que había llegado aquí, cuando me enteré que en una tienda que se llamaba "Las Mañanitas" estaban buscando una cajera y un Asistente Manager; yo sabía de contabilidad y tenía la nacionalidad, pero mi gran preocupación era que nunca había vivido aquí el tiempo suficiente para aprender inglés.

Mientras me entrevistaba, el Gerente iba revisando mi currículum:

-Sabes contabilidad y tienes experiencia en administración... eres perfecta para el puesto de Manager!

-En realidad, yo vengo por el puesto de cajera...

-Pero... si estudiaste para gerenciar... ¿por qué quieres ser cajera?

-Es que necesito trabajar porque tengo una hija que mantener, pero hace muy poco que llegué y todavía no sé hablar inglés.

-No te preocupes por eso; en esta tienda se habla más español que inglés. Oye, y aquí dice que eres cristiana... ¿es cierto eso?

-Sí; soy cristiana... Estudié Desarrollo Familiar con Bases Bíblicas Teológicas Cristianas.

-Excelente! Mi familia y yo también somos cristianos...

- ¡Qué bien! ¡Gloria a Dios!

- Pues… ¡Te quedas a trabajar con nosotros! Sólo que hay un pequeño problema:

no te puedo poner en el puesto de cajera, porque ese ya está dado, así que serás nuestra nueva Asistente Manager… Te vamos a enseñar, te vamos a entrenar, y no te apures por el inglés; sí vas a tener que hablar con bancos, con clientes, con proveedores, pero todos hablan español.

Empecé a trabajar; era una tienda muy grande con varios departamentos, pero gracias a la empatía que Dios me dio, me la llevaba muy bien con todos.

A los 5 meses el Gerente General se fue de la tienda, y a mí me asignaron ese cargo; tenía para ese entonces 24 años, y mi estrategia fue comenzar a hacer cambios en nuestras políticas hacia el personal, para optimizar su rendimiento.

Todas las semanas teníamos un *staff meeting* donde veíamos todo lo que se podía mejorar; sin embargo, yo ya venía notando que en esas reuniones sólo se recalcaba lo negativo, lo que se estaba haciendo mal; no había estímulos ni incentivos que motivaran a los empleados empoderándolos, haciéndolos sentir orgullosos de estar haciendo algo bien.

Hablé con el dueño:

- ¿Sabes qué? Cuando la gente aprecia y ama lo que está haciendo, no le importa en sí lo que le estás pagando; el trabajo no se convierte en una carga, sino que lo hace con gusto...

Me dijo:

- ¿Qué sugieres?

Yo creo que todos apreciarían más el trabajo y tendrían un mejor desempeño si establecemos una estructura de incentivos: hay que empezar a poner el empleado del mes, hay que crearles una motivación distinta... Incluso, puedes poner unos 10 centavos de fondo para cada empleado, para que al final del año les des un bono, un reconocimiento por el buen trabajo...

Él me dice:

-Fíjate que sí... Eso lo podemos poner "libre de impuestos" ... ¡Excelente Silvia!

Comenzamos a darle a todo el personal el crédito que se merecían, y poco a poco el ambiente laboral comenzó a mejorar, tanto como las finanzas de la tienda.

Otro aspecto muy importante que yo decidí convertir en fortaleza empresarial fue el reconocer que estábamos en un entorno multicultural; había gente de todas partes: hondureños, salvadoreños, mexicanos... Comencé a darme cuenta de que la comunicación a veces chocaba porque usábamos palabras iguales con significados distintos, y por desconocimiento las personas se ofendían o se enfadaban.

De nuevo: para poder sumar, teníamos mucho que aprender los unos de los otros.

Silvia Maldonado

Al mismo tiempo que desarrollaba todos estos ajustes desde la Gerencia de la tienda, mi hija había comenzado la escuela y yo estaba decidida a involucrarme en su proceso educativo: quería saber qué le iban a enseñar, dónde iba a estar, qué iba a hacer...

La escuela quedaba a dos cuadras de la tienda, así que para mí era fácil acercarme regularmente, y de esa manera me fui relacionando con las maestras, con la directora y con otros padres y representantes; poco a poco comenzamos a intercambiar ideas acerca de cómo optimizar también el ambiente de la comunidad escolar.

Yo empecé a sugerirles:

- Oye, ¿pero por qué no hacen esto con las familias? ¿y por qué no hacen lo otro?

Y ellas me respondían:

- ¡Wow Silvia! ¡Qué excelente idea! ¿Pero tú como sabes todo eso?

-Pues estudié Desarrollo Familiar y Social...

- ¡Órale! ¡Vamos a empezar! Vamos a hacer el programa del 5 de Mayo…

-Pero no hagan celebraciones nada más de lo mexicanos… a ver qué podemos celebrar también de los salvadoreños, de los cubanos, de los hondureños…

Involucrarme era mi fuerte, pues en esa medida me sentía útil, productiva y feliz; empezamos entonces a organizar una Kermés de Culturas, en la que los representantes de cada país iban a poner un puestecito de comida típica; con eso íbamos a recaudar fondos para la misma escuela, pero sobre todo íbamos a estrechar lazos para seguir sumando a favor de nuestros hijos y nuestra comunidad.

Cada vez estaba más convencida de que la decisión de venirme me había sido dictada por Dios, y lo terminé de confirmar cuando por esos días ocurrió uno de los eventos más importantes en la vida de mi familia: de la noche a la mañana, mi papá dejó de tomar.

Fue poco después de que ellos aceptaron a Cristo, y no me cabe duda de que fue precisamente debido a ello;

un buen día él fue por cervezas, y al destapar una, sólo con olerla se vino en vómito. El resultado se repitió tantas veces como él lo intentó; simplemente, su cuerpo ya no toleraba el alcohol.

- ¿Qué me pasa? - decía él- No lo aguanto!

A partir de ese momento dejó completamente la bebida; Dios cumplió su promesa y la vida de mi padre comenzó a ser transformada: de nuevo volvió a ser el hombre maravilloso del que mi madre se había enamorado, y jamás volvió a probar una sola gota de licor.

Prácticamente, Dios le había regalado otra vida, y esta vez no la desaprovechó: logró transcurrir 27 años sobrio, y durante todo ese tiempo no hubo un solo día en que no nos pidiera perdón a mi mamá y a sus 4 hijos:

-Yo sé que mis actos los hicieron sufrir, sé que los hice pasar por cosas muy difíciles; ojalá me alcance la vida para reparar todo el daño que les provoqué…

De todas las prisiones que el ser humano puede padecer, la más cruel es la del alma, porque cuando hay situaciones internas sin resolver, es necesario ir hasta el fondo para poderlas sanar, y eso no se logra fácilmente, entre otras cosas porque nos asusta el dolor.

Por eso es que sé con plena conciencia de mi fe, que la cura de mi padre fue más que un milagro, un rescate hecho por Dios; ahora comprendo que si nosotros sufríamos con su alcoholismo, mi papá sufría el doble, por saber que nos estaba lastimando y por no poderlo dejar.

Sin embargo, algo que ahora puedo reconocer es la persistencia de mi madre en favor de su compañero de vida; ella resistió los juicios y los cuestionamientos de todo el mundo, porque se aferró a la esperanza de que mi padre era un hombre puro de corazón, y por eso esperó y esperó, hasta que Dios limpió las malas hierbas y esa semilla de salvación por fin resurgió.

Siempre he pensado que una de las cosas más difíciles de discernir en esas situaciones es si se necesita más valor para quedarse o para irse; ¿cómo saber cuándo ya no hay nada más que esperar? ¿cómo sabía mi madre que el hombre del que se enamoró, el hombre con quien se casó, seguía escondido detrás de aquel alcohólico maltratador?

Continuamos asistiendo en familia a la iglesia; yo seguía creciendo en mi trabajo y en mi liderazgo; todo iba fluyendo de una forma maravillosa y yo sentía que nada era suficiente para agradecer tantas bendiciones; y es que, por muy exitosos que creamos ser, nada pasa ni deja de pasar en nuestra vida si no es la voluntad de Dios...

Digo esto porque justo en el momento en que sentí que todo estaba resuelto en mi vida, mi esposo decidió seguirme los pasos, y un buen día me encontré con que ya estaba aquí en los Estados Unidos; yo interpreté esa nueva realidad como una señal de que tal vez mi matrimonio merecía otra oportunidad, y lo acepté.

En ese momento yo estaba dando el todo por el todo en mi trabajo; ya mi hija tenía 5 años y cada vez era más independiente. Entonces quedé embarazada de nuevo.

Ante el nuevo panorama, era evidente que ya no podíamos seguir entre ser y no ser, y decidí que ayudaría a mi esposo a regularizar su situación legal en este país, para lo cual contacté a una abogada especialista en migración.

Lo primero que nos dijo fue:

- No se les ocurra que él busque trabajar con un número social chueco, porque si lo agarran, automáticamente pierde toda posibilidad de legalizarse.

Eso complicaba las cosas, porque la única que tenía la nacionalidad americana era yo. Tuvimos que hacer un trato: yo asumiría la posición del hombre de la casa, mientras él se ocuparía de las funciones que me tocaban a mí: llevar y traer a la niña de la escuela, cocinar, lavar, arreglar la casa, ir al mercado…

Había que pagar los papeles para la ciudadanía, la renta de la casa, los giros del carro... Nuestros gastos se incrementaron ahora que la familia estaba creciendo, y pensando en ello yo tomé dos turnos en la Gerencia General: desde las 8 de la mañana hasta las 12 de la noche. Literalmente, me pasaba todo el día en el trabajo, y así estuve por dos años.

Esto de intercambiar nuestros roles surgió como una estrategia en lo laboral, pero no por eso yo descuidé la naturaleza de mis funciones de mamá: todas las mañanas él me la llevaba al trabajo antes de la escuelita y yo la esperaba para desayunar juntas; al mediodía yo agarraba mi hora de lunch para que ella comiera conmigo, y antes de la cena me la llevaba para despedirme, para darle su besito de buenas noches, para orar con ella; por nada del mundo yo iba a permitir que ella perdiera la disciplina de la oración.

13

Las razones del corazón

———— ⬖ ————

"La Fortaleza de la Palabra de Dios
debería ser la Fuente que gobierne el corazón del hombre…"

Silvia Maldonado

Trabajé con ese grado de intensidad hasta 3 días antes de dar a luz a mi segunda hija; para ese entonces yo ya tenía una conciencia de la importancia de enseñarles a tus hijos las bases principales en casa, y por eso decidí que no iba a retomar mi empleo a tiempo completo, por lo menos hasta que mi nueva bebita tuviera 1 año de edad; antes no.

Las cosas con mi esposo marchaban bien durante un tiempo, pero luego caíamos de nuevo en los conflictos de siempre; era el cuento de nunca acabar, sólo que ahora teníamos 2 hijas, y por si fuera poco había comenzado un período de recesión económica que afectó el rendimiento de la empresa, y yo ya no podía pagar la renta de la casa.

Mi esposo aún no tenía número social, por lo cual no lo aceptaban en ningún empleo formal, así que a los pocos meses de haber nacido mi bebita tuvimos que irnos a vivir a la casa de mis padres, y yo me vi forzada a reincorporarme a mi jornada completa antes de lo que yo hubiera deseado, porque 1 sólo salario no era suficiente para cubrir todos nuestros gastos.

Mientras yo me la rifaba entre la casa, las responsabilidades del trabajo y atender a mis niñas, mi esposo se rehusaba a continuar con las tareas domésticas, y no contento con eso, comenzó nuevamente a tomar.

Fueron tiempos difíciles para mí, pues libraba una lucha interna constante entre mi deseo de encontrar paz interior y la esperanza de que las cosas en mi matrimonio mejoraran; a fin de cuentas, yo estaba repitiendo el patrón que había aprendido de mi mamá:

- Vamos a esperar; no te preocupes, Dios lo va a cambiar...

Lo más duro era no poder hablar con nadie sobre lo que estaba ocurriendo en mi relación, porque yo no quería que los problemas de mi matrimonio se convirtieran en un testimonio negativo para los demás, en especial para mi familia; ellos estaban asistiendo a la misma iglesia en la que yo ejercía mi ministerio, y no quería que percibieran que las cosas no estaban bien con el que se suponía que era la cabeza de mi hogar, porque eso podía hacerlos decaer en su fe.

Me sentía responsable de la vida espiritual de todos; sabía que los ojos de mi familia estaban sobre de mí, que sus oídos estaban atentos a mis palabras y sus pasos me seguían de cerca. Si yo decía "! *Vamos al norte!*", íbamos al norte... "! *Vamos al sur!*", íbamos al sur.

Para mí era un gran compromiso, así que preferí callar, guardarme muchas cosas; sin embargo, nunca dejé de sonreír, nunca dejé de ser amable con las personas, porque nadie más tenía la culpa de lo que yo estaba viviendo; por eso insisto tanto en que el dolor tiene poder.

Hay tres maneras en las que tú puedes multiplicarte y enriquecer a otros:

La primera es a través de las cosas que no pudiste lograr, porque tus fracasos se convierten en experiencias para aquellos que vienen siguiendo tus pasos, guiándolos para que alcancen lo que tú no pudiste. Todos tenemos a alguien cercano: hijos, hermanos, amigos, familia, que han sido empáticos con tus sueños, aunque no hayas podido lograrlos; ese es un camino de enseñanza también: las cosas en las que no has podido superar, las cosas en las que te has equivocado, las cosas en las que has fluctuado, son herramientas que le puedes ofrecer a otros, porque son tus vivencias; son experiencias que ya has vivido y sobre las que puedes enseñar.

El segundo camino es a través de tu ejemplo, que es el más firme, porque las palabras convencen, pero el testimonio arrastra. Yo estaba convencida de que era necesario ayudar a las personas enseñándoles cómo manejarse ante las limitaciones, pero también sobre cómo ceder ante Dios, porque la guía que Él nos ofrece es tan libre, tan respetuosa, que todos la rechazamos.

Dios nos permite el libre albedrío; es como si nos dijera:

-No te preocupes: si te sales de donde tienes que ir, yo te voy a alinear, pero te voy a dar chance de que lo hagas tú a tu tiempo, porque te amo, porque quiero que crezcas, porque quiero que te desarrolles, porque nadie te va a amar con el amor eterno que yo te doy... Nadie te va a tener la paciencia que yo te tengo...

El tercer camino es el conocimiento: todos tenemos habilidades que nos pueden ayudar a lograr lo que queremos.

Yo seguía trabajando en "Las Mañanitas", pero luego el dueño tuvo que traspasar la empresa y nos despidió a todos; yo necesitaba un empleo, pero no quería meterme en algo que me quitara todo mi tiempo disponible; quería flexibilidad para poder pasar tiempo con mis hijas, así que inicié mi propio negocio de limpieza de casas.

Mi mamá comenzó con ese emprendimiento desde que llegó aquí, y es a lo que se dedica hasta la fecha; ella trabajaba junto con mi hermana, así que el equipo ya estaba completo. Decidí entonces buscar trabajo en compañías que me ubicaban de acuerdo a mi disponibilidad de horario.

Yo llevaba a mi hija mayor a su escuelita y a la bebita al maternal, y luego me iba a trabajar; sin embargo, pude darme cuenta de que la compañía se quedaba con el mayor porcentaje de lo que pagaban los clientes por mi trabajo, y decidí independizarme: invertí en una camioneta para poder trasladarme con todos mis implementos, y comencé.

Estaba consciente de que necesitaba trabajar muy duro para poder mantener nuestro ritmo de vida, y por los momentos no tenía en mis planes tener más hijos; de hecho, estaba usando el DIU para 10 años de anticoncepción; sin embargo, 5 años después del nacimiento de mi segunda hija quedé embarazada por tercera vez.

En ese momento tenía yo alrededor de 30 años, y estaba muy mal emocionalmente; me estaba desgastando tratando de sostener un matrimonio que estaba fuera del amor, sin una base espiritual; lo estaba haciendo por mis hijas, por la familia, por protegernos del bla bla blá... Pero la verdad era que nada había cambiado; no prosperábamos como yo hubiera querido, porque mi esposo y yo no compartíamos el mismo grado de esfuerzo y compromiso.

Cuando me embaracé de mi tercera hija comenzaron a aflorar una serie de complicaciones en mi salud que yo no me esperaba; yo nací con un cuadro de asma genérica (no estacional) y un soplo en el corazón, pero nunca les di mayor importancia; sin embargo, con los años esos problemas se agudizan, y yo ya había empezado a desarrollar hipertensión y lo que son las inflamaciones del corazón, que no me afectaban al grado de generarme un infarto, sino al contrario:

comencé a sufrir de taquicardia, a desvanecerme y a desmayarme en donde fuera.

Dicen que la hipertensión es una enfermedad traicionera, un enemigo silencioso, porque no produce mayores síntomas y te mata sin avisar. Yo pasé casi todo mi embarazo en cama, sin poder trabajar; cada vez estaba más débil y no paraba de perder peso. Por supuesto que quería trabajar, tal y como había sido hecho durante mis otros embarazos, hasta pocos días antes de dar a luz, pero esta vez fue diferente: tuve que dejar de trabajar desde el tercer mes de gestación.

Era muy paradójico: cuando se suponía que todo estaba marchando sobre ruedas, mi familia estaba conmigo, mi negocio estaba prosperando, tenía nuevos contratos… ¡Y ahora esto!

Llegué a la conclusión de que no importa qué tan estable te encuentres económicamente o qué tanta fe puedas tener: si estás en una relación disfuncional, eso va a tener un impacto en tu salud emocional y física, y yo era la prueba viva de ello.

Se supone que si tienes una pareja, esa persona te tiene que valorar, te tiene que cuidar, te tiene que proveer, te tiene que mirar, tiene que estar en tu vida para beneficiarte, y yo a pesar de estar casada me sentía completamente sola.

Desde jovencita yo me sentía autosuficiente; no es que no necesitara, pero yo no he sido una persona exigente en ese aspecto, y realmente mis carencias iban más allá de lo económico. Yo valoro mucho el 100% del esfuerzo de la persona que está conmigo; no importa si ese 100 % signifique un 10, pero ese fue tu 100, y si yo veo que lo das con respeto, con amor, con cariño, para mí vale 1.000.

No hay nada en la vida que valga más que la paz interior y la concordia con los seres que comparten tu camino terrenal, y todos debemos procurar alcanzar esa paz; es algo que sobrepasa todo entendimiento, porque como dice un dicho muy acertado, *"el corazón tiene razones que la razón no entiende"* … Creo que es algo muy cierto, pero también se puede aplicar a la inversa: por mucho que el corazón nos impulse en una dirección, hay cosas que no son muy razonables, pues si las analizas te das cuenta y dices:

- ¿Y esto es para mí? O ¿Esto es lo que yo merezco?

En nuestro caso, al no poder continuar con mi trabajo, ya no podíamos pagar el arriendo de la casa en la que estábamos, y nos fuimos como siempre a vivir con mis papás, sólo que esta vez era realmente necesario, debido a mi delicado estado de salud; sin embargo, yo me levantaba temprano todas las mañanas para atender a mis hijas, y atendía también los Comités de Padres de Familia.

Yo hacía mi esfuerzo, pero lamentablemente mi esposo no estuvo dispuesto a hacer el suyo; no dio el extra. Sin embargo, yo quería ser bendecida, y por eso no me enfrasqué en una guerra contra él, ni me fui sobre su cabeza; a eso me refiero cuando hablo de feminismo: las mujeres de hoy en día prefieren ser reconocidas que ser bendecidas; quieren llenarse de cosas momentáneas, superfluas; quieren tener la batuta, el poder decir *"yo gané"* … Olvidamos que hay ganancias que nos hacen perder, y pérdidas que nos hacen ganar.

En aquel tiempo ya se había implementado el ultrasonido para anticipar el género del bebé, y según mi gineco-obstetra, esta vez el nuevo integrante de la familia sería un varoncito; sin embargo, mi intuición de madre me decía que mi bebé sería una niña.

-El ultrasonido no se equivoca...-me dijo mi marido.

Yo le respondí:

-Las máquinas son manejadas por los hombres y no tienen el poder que tiene Dios; mi Señor ya me dijo que iba a ser niña, y va a ser niña. Y si es niña, yo le voy a poner mi nombre: se va a llamar Silvia, como yo.

Mi embarazo era complicado, pero el parto tampoco iba a ser sencillo, pues el doctor temía por mi estado general, y así me lo hizo saber:

-Estás sana para tener un parto natural, pero no sé cómo vaya a reaccionar tu corazón; no podemos darte una garantía de que resistirás... ¿Quieres que te haga cesárea? - Déjeme intentar- le respondí- Si puedo, ¡bien! Y si no, acepto una cesárea de emergencia.

De un lado tenía a mi mamá y del otro a mi hermana; cada vez que tenía una contracción, les apretaba la mano en silencio; nunca he sido mujer de darle valor negativo al dolor, y menos al dolor de parto. ¡Al contrario! Lo agradecía, porque para mí era un dolor de éxito, un dolor de amor, un dolor que jamás iba a volver a sentir. Tenía que disfrutarlo en ese instante, porque después venía lo más maravilloso, que era ver a mi bebé.

La doctora me decía:

-Silvia, ¡tu tolerancia al dolor es increíble! Tú lo manejas, lo sometes, y no él a ti...

Recuerdo que pensé:

- ¡Claro que sí! Lo someto, pero no lo hago sola: lo somete Cristo a través de mí...

Todos en mi familia estaban nerviosos, porque vieron cómo sufrí y los riesgos que padecí con el embarazo. Yo era como un pilar espiritual; ellos se sostenían sobre mí.

La maternidad es algo mágico, maravilloso; es el orgullo que toda mujer que defiende el feminismo debería de tener como pancarta, en lugar de estar peleando por una igualdad que jamás van a poder obtener, y que además no es necesaria.

Jamás vamos a tener una igualdad con los hombres; los hombres no paren un hijo, nosotras sí; una mujer no lo engendra, un hombre sí. Hay una gran diferencia, y al mismo tiempo una gran divinidad en esa fórmula. Cuando dos seres humanos entienden eso y lo asumen, el resultado es fantástico; es lo que vemos en familias que admiramos, familias que han sabido entender ese misterio, y que tienen una fortaleza, una estabilidad, una defensa del uno por el otro. Eso lo hace Dios en la vida de las familias.

Para el momento del parto yo estaba consciente y estaba viendo todo; le pedí a los médicos:

- En cuanto nazca mi bebé, por favor péguelo a mi pecho... Quiero saber cómo es.

Por fin, llegó el gran momento, y mi bebé vio la luz; entonces escuché:

- ¡Oh my God! ¡Es niña! ! ¡Es una niña! ¡Oh my God!

Como si estuviera consciente de la confusión, mi bebita en vez de llorar no más se empezó a reír conmigo; yo le agarré la manita:

-Bienvenida mi Silvita!

Hay matrimonios estables, duraderos; en mi caso no fue así, porque lo que empieza mal, termina mal. Todo problema y toda disfunción parten siempre de una raíz; no ocurren de la nada. No puedo decir que mi tercera hija no fue deseada, porque en cuanto supe que estaba embarazada, la amé y la esperé con todo mi corazón, pero no fue planeada; de hecho, yo estaba protegida, pero por alguna razón que sólo el Señor sabe, ella tenía que llegar a mi vida como uno de los tesoros que Él tenía reservados para mí; ella vino a sacar de mí la otra parte de mi liderazgo.

Cada nacimiento es una señal de que Dios aún confía en nosotros; el que una mujer dé a luz es la tarea más importante y es el momento más sublime y divino de su vida, en donde debe reflexionar en la posición que tiene y regocijarse en su dignidad.

14

El placer de trabajar para Dios

———————⟨⊗⟩———————

"Dale la oportunidad a Dios en tu corazón y encontraras la belleza de la Cruz..."

Silvia Maldonado

Dios no cumple antojos ni endereza jorobados; todos recibimos exactamente lo que merecemos y lo que hemos sembrado. Mi esposo siempre anheló un hijo varón, pero el Señor en su plan perfecto para nuestras vidas, nos dio 3 niñas. Yo estaba segura de que ese era un mensaje para él, para que reflexionara acerca de su comportamiento, y también para mí, porque como mujer yo necesitaba establecer límites y responsabilidades, y de algún modo sentía que Dios me estaba diciendo que ya era el momento.

Le dije a mi esposo:

-De aquí en adelante las cosas van a cambiar, y no porque yo lo diga, sino porque Dios me lo dijo: o te pones en tu papel de padre y asumes tu responsabilidad, o te vas.

No era la primera vez que llegábamos a ese punto, pero nunca antes yo había sentido esa firmeza y esa determinación; no puedo explicarlo, pero el Espíritu Santo actúa en mí como si me fuera marcando las etapas; es como si me dijera:

- Viene un cambio… Ora, ayuna, actúa… Fíjate de las señales afuera de ti… Porque viene un cambio… Viene un cambio…

Eso era lo que yo sentía; de resto, no sabía qué iba a pasar.

Seguíamos viviendo con mis papás, porque yo aún no podía trabajar, y estuvimos así hasta que mi hija cumplió 6 meses; perdí mi trabajo porque estuve demasiado tiempo inhabilitada, así que tendría que comenzar nuevamente de cero.

Mientras encontraba por dónde retomar la normalidad, yo seguí involucrada con las escuelas de mis hijas; me nombraron Presidenta del Comité de Padres de Familia, y entre otras cosas, empecé a diseñar eventos con un criterio edificante. Para la fiesta de Halloween se me ocurrió organizar el Festival del Hardvest, porque era más inclusivo, y de esa manera íbamos a adquirir mayor atención, mayor concurrencia, sobre todo de los latinos y de representantes de otras culturas y expresiones religiosas, pues había hindúes, chinos y algunos latinos que no se sentían identificados con el famoso festival de Halloween y por lo tanto no asistían, lo cual hacía que se perdiera aproximadamente el 30% de taquilla, hablando en términos de rentabilidad.

A diferencia del Halloween, el Hardvest es aceptado por todo el mundo, porque se relaciona con cosas positivas y universales: comidas, colores, abundancia, prosperidad... Entonces me dije:

- ¡Ok! ¡Vamos a hacerlo!

En lugar de una casa de brujas, hicimos un laberinto en el que los niños pudieran descubrir diversas cosas; fue una gran experiencia que marcó positivamente a la comunidad.

Descubrí que tenía la capacidad de movilizar gente; tenía concurrencia, tenía voz de alcance: la gente me escuchaba y participaba conmigo en los eventos. Las reuniones de los Padres de Familia crecieron en un 75%, porque además de los anglosajones, empezaron a asistir también los latinos, los hindúes, los chinos... Comenzaron a sentirse integrados, y eso era muy gratificante para mí como experta social.

Empecé a organizar otros eventos interculturales, conmemorando fechas importantes de todos los países, de forma que todos se sintieran parte de una misma comunidad que estaban trabajando en equipo. Todos queríamos conocer y aprender a respetar las culturas de cada uno; eso no sólo les iba a dar a nuestros hijos la oportunidad de ampliar su horizonte de conocimientos, sino también iba a contribuir a contrarrestar el bullying, pues en parte la idea surgió como una estrategia, para evitar la violencia en nuestra escuela, y al mismo tiempo para incentivar la participación de los padres de familia en la dinámica escolar de sus hijos.

Por eso días me topé con la directora del Parenting Institute Education, un programa que funciona en las escuelas para orientar a los padres en cuanto a sus derechos, sus obligaciones y las leyes que los amparan; también manejan información acerca de cómo funciona el sistema económico de la educación y qué pueden o no exigirle a un director, a un distrito escolar.

Yo me dije:

- Quiero aprender el programa y luego traerlo a esta comunidad.

Así lo hice: primero lo estudié y luego me volví facilitadora; impartí el programa a los padres en diversas escuelas; aprendimos mucho sobre los derechos y también las obligaciones que teníamos, y además me ganaba un dinerito, porque nos pagaban un salario por enseñar.

También por esos días llegó a visitarnos mi pastor con el Comité de Los Ángeles y nos hicieron una propuesta…

Le dijeron a mi esposo:

-Tú estudiaste para pastor, y Silvia se especializó en Desarrollo Familiar y Social; ambos tienen el perfil perfecto para el Ministerio que queremos instaurar aquí; necesitamos levantar una misión en esta área, y por supuesto, va a ser remunerado...

Siempre lo he dicho: lo importante no es el perfil; no es cuánta teología tú sepas, ni de cuál instituto te hayas graduado; lo que vale es ver cómo es realmente tu relación con Dios, y si tu llamado está orientado por Dios, porque cuando no es así, ocurren cosas que afectan a la Iglesia y a la fe, como todos esos ministerios que viven de la manipulación financiera, emocional y social de las personas.

Lamentablemente hay tanta corrupción dentro de la religión como dentro de la política; ambas son como hermanitas: tienen muchos rasgos en común.

La política ensucia lo que es la justicia real, clara y verdadera, pero la religión ensucia lo que es la divinidad y el mensaje genuino del evangelio a través de Cristo: puro y real, sin tanto problema.

Yo nunca voy a negociar con la corrupción política, y mucho menos con la corrupción religiosa, que se lucra con la fe y con las necesidades de la gente; es un asunto ético que tiene mucho que ver con lo que seas como persona, es decir, con tu testimonio de vida.

El buen testimonio siempre termina, y el mal testimonio también, porque es necesario que uno crezca, es necesario que uno cometa errores para poder darse cuenta de quién eres realmente y de lo que quieres, y sobre todo, decidir cuáles son los valores que deseas implementar en tu vida.

Todo líder necesita reconocer la lealtad a sus valores y a sus funciones sociales, cívicas, familiares; esa es la parte más importante que debemos rescatar hoy en día.

El mundo está en una situación tan difícil, que yo pensé:

-Tengo que dejar algo… Tengo que hacer algo… Tengo que decirle al mundo que se están equivocando en la forma en la que lo están dirigiendo, porque quienes lo están haciendo promueven precisamente programas corruptos, lastimando la justicia y la fe verdadera, porque no la tienen…

Para mí era un gran compromiso aceptar la responsabilidad que nos estaban ofreciendo; yo sabía que si iba a hacer algo para Dios, iba a ser de corazón.

Finalmente, entramos al barco: mis padres abrieron las puertas de su casa para la misión. Empezaron a venir los hermanos desde Los Ángeles; cada 15 días, nos traían todo lo que el ministerio iba a necesitar para discipulación, y los líderes comenzaron a planificar todo lo que se iba a llevar a cabo.

Compramos sillas, mesas, pizarrones, todo lo necesario para poder comenzar con la misión. Me dijeron:

- Silvia, encárgate de la escuela dominical, de la discipulación, de los estudios para la gente... Ese es tu fuerte.

Empecé a diseñar el programa educativo en bases espirituales para los niños en las diferentes edades, desde los parvulitos hasta los más grandes; luego organicé también los programas para los adultos, para los varones, para las mujeres, para las parejas. Mi esposo también empezó a preparar sus prédicas y a instruir gente en la iglesia.

Al principio sólo estábamos mi familia y yo como evangelizadores, pero poco a poco comenzó a llegar más y más gente, empezaron a involucrarse y a traer a muchos más.

Empezamos a crear la alabanza y la adoración, a llevar un programa específico en la iglesia, creamos eventos para atraer gente; hubo momentos muy buenos, pero realmente implicaba mucho trabajo.

Cada mes llegaban los pastores Seniors a ver cómo estaba todo; los invitábamos a predicar y la congregación empezó a crecer, pues al mismo tiempo otras parejas, empezaron a desarrollar liderazgo.

Yo vivía repitiendo una oración:

- Señor, que esto sea para siempre... Que sea genuino...

Llegamos a tener una congregación de casi 300 personas; creamos un ministerio a través de obras de teatro que se llamó Ministerio de Evangelismo Corporal, donde dábamos el evangelio con lenguaje mudo, de mimos. Tuvimos también un programa de radio; llegamos a Capitolio, nos pidieron que fuéramos a Sacramento, luego a Las Vegas; nos invitaron las diferentes iglesias.

En ese sentido, las cosas estaban encaminadas, pero no así en cuanto a mi matrimonio; mi esposo comenzó a sentirse agobiado con las responsabilidades del ministerio, tal vez porque para él era más un trabajo que una vocación, y en cuanto a nosotros como pareja, cada día nos distanciábamos más, emocional, física, moral y espiritualmente; se desvanecieron las atenciones y mis hijas empezaron a ser testigos del desamor, la desunión y la desedificación del uno por el otro, hasta llegar a la violencia intrafamiliar.

Sin embargo, yo decidí tolerar todo eso en silencio, tal y como lo había hecho con mis dolores de parto; fueron más de 15 años que estuve resistiendo esa presión, aferrada al patrón de "Algo va a cambiar..."

Ahora puedo afirmar que no estaba equivocada; sin duda, algo cambia: cambias tú, y esa es la clave: cada quien tiene que cambiarse a sí mismo, pero para que esto sea posible, se debe tener la determinación de querer hacerlo. Es un proceso individual, que se vive en primera persona, y que parte de una decisión.

Una de las cosas que ahora tengo más claras en mi vida es que no puedes desviarte ni un milímetro de la línea donde Dios quiere que estés, porque Él te va a alinear, y cuando lo haga te va a doler, y mucho... No por lo que pierdes, sino por lo que tienes que dejar al cambiar; ese es el reto más fuerte.

Nos causamos inconvenientes a nosotros mismos cuando no sabemos esperar el tiempo adecuado de las cosas, tomando a la ligera decisiones tan serias en nuestra vida, como lo son el matrimonio y todas las relaciones interpersonales, sociales, familiares. Terminamos dándoles las perlas a los cerdos, y si vas y comes con los cerdos, no importa qué tan bueno sea el menú... De todos modos, apesta.

En este punto yo quiero reflexionar acerca del equilibrio y la congruencia que debemos mantener en nuestra vida, porque hay un orden dentro de las relaciones humanas; yo estaba creciendo mucho en mi ministerio, pero en cuanto a mi vida afectiva estaba muy vulnerable; había un conflicto en mí, porque como esposa yo no estaba atendida, no me sentía amada, no estaba siendo cuidada; nuestro entorno comenzó a darse cuenta, y nuestro liderazgo como pareja modelo quedaba cuestionado.

Cuando llegaban los feligreses -madres, niños, esposos- buscando consejería, mentoría familiar, yo los atendía, pero no me sentía cómoda, pues aunque nadie sabía por la tormenta que yo estaba pasando, yo sí era consciente de que mi propio núcleo estaba en crisis.

Sin embargo, seguí adelante; comencé a organizar más y más eventos, aprovechando que nosotros como pastores podíamos utilizar el parking de la iglesia que era enorme; yo agarraba ese espacio y hacía ahí los festivales, congregando todos los recursos del Condado de Contra Costa: la policía y los bomberos nos daban demostraciones y hasta llevaban a sus perros entrenados para hacer su show. La idea era enfocarnos en movilizar a las familias hispanas; buscamos auspiciadores, ofrecíamos cortes de pelo gratuitos para los niños y para los ancianos, pusimos jumpers inflables de escaleras con agua, ponys con todo y sus raites, y todo eso me lo daban gratis. Eran donaciones para la comunidad.

Esas iniciativas comenzaron a tener cada vez más divulgación, y fue así como llegó un día la oportunidad de conocer a una presentadora muy reconocida de una cadena de televisión nacional. Un día nos contactamos y conversamos:

-Oye Silvia, me encanta lo que estás mostrando, tu fórmula… Es un concepto diferente; mucha gente está encantada con esto que tú estás haciendo…

Yo le respondí:

-Es que, ¿cómo el mundo va a conocer de Cristo, si no vamos al mundo? Tenemos que atender su necesidad, lo acepten o no, como el Señor Jesús lo hizo: Él entraba a las aldeas a predicar el Evangelio, y tanto el que lo aceptaba como el que no, recibía de todos modos sus beneficios, de acuerdo al propósito de misericordia y Salvación.

15

Somos las vasijas, y Dios el alfarero

...

————⬲————

"Los valores y los principios
no tienen permiso
de huir en la adversidad..."

Silvia Maldonado

No sólo contamos con la difusión del evento a través de la televisión, sino que además recibí una invitación para participar de una serie de programas en torno al tema de la defensa de los valores de las mujeres:

- Queremos invitarte a nuestros estudios con todo pagado; la estadía va a ser de más o menos una semana...

Así fue: dos meses y medio después, salí a mi misión; al llegar comenzamos a organizar la dinámica de los programas. La presentadora me explicó:

-Cada uno de los participantes en la serie va a tener unos mentores; es importante que se preparen espiritualmente, pues de esa manera podrán abordar con mayor profundidad los temas que desean tratar…

-¡Gloria a Dios! –dije yo- ¡Por fin voy a poder hablar con alguien diferente!

Me asignaron una pareja de consejeros ya bastante mayores; en otras palabras, eran pastores de pastores. Decidí sacar el máximo provecho de esta oportunidad que Dios me había puesto enfrente: con ellos no iba a maquillar la realidad.

Me sinceré completamente; les conté todo lo que estaba pasando en mi matrimonio y cómo eso afectaba a nuestras hijas y nuestro desempeño como pastores de la iglesia.

Ellos me escucharon pacientemente, y al final me dijeron:

-Silvia; debes saber que, espiritualmente hablando, tu matrimonio va a terminar, y te vamos a explicar por qué... Si te fijas en la palabra, puedes darte cuenta de que tu matrimonio nunca fue hecho por Dios, ni entregado para Dios, en ninguna de las etapas de tu relación. Te casaste con un hombre que, aunque conoce el Evangelio, nunca te invitó a tener la paz de Dios en tu corazón, sabiendo de antemano que tú y tu familia tenían un problema, y que buscaban la respuesta de Dios. ¡Él tenía! Él pudo haber sido el vehículo de esa transformación, pero desobedeció y fue infiel, no contigo, sino con Dios... No mostró el amor, el liderazgo y el agradecimiento para con Dios que debió haber mostrado... Tú le entregaste tu corazón a Cristo, porque realmente tenías esa necesidad, y tomaste las acciones necesarias para ello; como mujer sentiste ese llamado y nunca te quedaste de brazos cruzados; eso te ayudó a llegar al Señor, pero si no, nunca hubieras llegado... Si hubiera sido por tu esposo, te hubieras hecho alcohólica, o a lo mejor hubieras caído en cosas mucho peores, pero nunca hubieras sanado, nunca hubiera llegado la Salvación a tu vida. Silvia: el hombre está hecho de varias piezas: la pieza del conocimiento, la pieza de la salud física y la pieza espiritual. Tú nunca hubieras estado completa si no hubieras desarrollado esta relación tan especial que tienes con Dios… Lamentablemente, tu esposo no ha sido un hombre que ame tu vida, ni tu persona, ni mucho menos a Dios a través de tu alma. Dios te ha hecho fuerte y Dios renueva tus fuerzas, pero necesitas recordar que tú no eres Dios, y por supuesto estás decayendo… ¿Acaso deseas morir espiritualmente, sin haber cumplido tu misión? Dios ya te puso en el camino; tu matrimonio va a tener que terminar, y no porque nosotros lo digamos o creamos, sino porque la soberanía y la unidad de Dios en este matrimonio no existe, y por ello está destinado a la ruptura. Sólo un milagro y la determinación de tu esposo de convertirse en la verdadera cabeza del hogar, lo salvaría, y hasta este punto él está cerrado. Pero no te afanes, que Dios te indicará y te mostrará el camino en el desierto, así como dará su última palabra y voluntad sobre tu vida y matrimonio. Y algo muy importante Silvia: Jesucristo no murió por ningún ministerio tuyo ni de tu esposo; Jesucristo murió para salvarte y darte vida eterna a ti, a tu alma y la de todos aquellos que lo reciben en una experiencia personal; murió para encargarse plenamente de cada persona en particular.

Las congregaciones son importantes, son parte de lo que Dios estableció para la edificación de su iglesia, pero deben ser realmente generadas por Dios, con hombres de Dios... Discúlpanos, pero, al no cuidarte a ti, el padre de tus hijas tampoco está cuidando los corazones ni la vida espiritual de ellas. Cuando un hombre descuida a su familia, no ama a Dios... ¿Cómo podría entonces gobernar o administrar una iglesia? No sabemos por qué Dios permitió que llegaras a este punto, pero seguramente es porque tienes un llamado específico como mujer, como madre y como prójimo en este siglo.

Dicho esto, ellos oraron por mí, y luego yo me fui a mi cuarto y me pasé toda la noche llorando; le pedí a Dios dirección, le pedí perdón, porque yo también le había fallado en muchas áreas de mi matrimonio, y le di las gracias porque me había enviado a sus siervos con un mensaje específico para mí.

Ellos tenían razón: el poder del evangelio en mi persona no había sido depositado por ningún ministerio; había sido por mí, porque Dios me ama, porque desde antes de nacer, desde el vientre de nuestras madres, ya Dios nos acaricia con su pincel de amor, y así como diseña nuestra mente y nuestro corazón, también delinea nuestro temperamento y nuestra forma de ser en la vida: nuestra personalidad.

Esos pinceles divinos también te definen en lo social, en lo educativo, ¡en todo! Para mí, eso es la riqueza espiritual, porque gracias a esas pinceladas las personas creen o dejan de creer, y si no, que me diga un ateo por qué no cree en Dios. Aun el albedrio de no creer lo tienes por regalo divino; no es tarea del ser humano convencer a nadie de que nuestro Dios Todopoderoso existe y tiene un plan específico para cada persona; eso lo sabe el alma por la gracia de Dios, y por eso la gente deja de creer o se desvía tanto, enfocándose en principios ajenos y equivocados. Creemos que Dios actúa como nosotros queremos que él actúe, y estamos equivocados: Dios actúa de maneras muy extrañas y de diversas formas.

A veces Dios nos hace caminar por desiertos muy secos, pero nunca nos deja sin ver el horizonte; en medio de esa sequedad, vas a encontrar los manantiales de agua que te van a refrescar, que es donde van a nacer nuevas etapas, nuevas tareas, nuevos núcleos, nuevos círculos, nuevos emprendimientos...

En cualquiera de mis caminos Dios me habló muy fuerte: en los buenos, en los malos, en los correctos, o los incorrectos, como ser humano que soy; en todos mis caminos tenía yo que reconocer a Dios, porque el Señor es el que da, el Señor es el que quita, el Señor es el que te gobierna; Su señorío y su soberanía sobre nuestra vida es inamovible, lo conozcas o no, lo aceptes como único Dios verdadero o no; aunque lo rechaces, su soberanía impera en todo y en todos.

Va a haber caminos de obediencia y desobediencia en los que también su soberanía te va a gobernar y te va a levantar, cuando tu espíritu y tu corazón así lo deseen.

Al día siguiente de esa reveladora conversación, tomé una decisión:

- Si tengo que hablar acerca del valor de la mujer, me voy a enfocar en la tarea tan difícil que tienen las esposas de los pastores, y la posición tan delicada que tenemos las mujeres que conocemos a Dios…

Llegó el momento de ir a los estudios y grabar nuestro programa; me encantó estar ahí, porque Dios me había revelado su propósito específico para mi vida. ¡Gloria a Dios!

Mi participación fue muy profunda:

-Ninguna vida puede ser moldeada por ninguna circunstancia que vivas humanamente, porque el único arquitecto de nuestra vida es el Señor. Nuestras decisiones alrededor del plan que Dios tiene para nosotros, son como el alfarero y la vasija: Dios es el alfarero y nosotros las vasijas, pero como vasijas con libre albedrío, a veces permitimos que nos pongan en vitrinas muy baratas y nos den usos inaceptables, cuando en realidad tenemos un valor muy grande como obras de Dios. A veces, tanto los hombres como las mujeres permitimos que nos quiten nuestra utilidad y nos hagan inservibles, y por eso decaemos. Como mujer, estoy convencida de que no hay ningún pretexto que un hombre me pueda dar para que yo pierda el valor que Dios me ha dado. Nada de lo que yo haya podido vivir me puede quitar el valor con el que Dios me hizo nacer... Ninguno de los errores que mis padres pudieron haber cometido me quitará ese valor o se los quitará a ellos; lo digo como hija de un hombre que fue alcohólico, pero al que su vicio nunca le quitó el valor que tenía como hijo de Dios, y así llegó el día en que pudo reconocer a Dios en su vida. Cuando la pieza espiritual de su vida se activó de nuevo, el raciocinio y el cuerpo respondieron a la tarea completa de Dios, y el licor pasó a ser nada en su vida.

Terminó la aventura televisiva y emprendí el regreso a casa; venía orando:

-Señor, por favor… Muéstrame qué es lo que quieres que haga; tengo a mis hijas siguiendo mis pasos…

Ya me habían dicho claramente que la respuesta final no dependía de mí, sino de la actitud que mi esposo tuviera para con Dios a través de mí.

Llegar y encontrar todo igual, sin ningún cambio de parte de mi esposo, y por si fuera poco, su hostilidad y sus ironías con respecto al viaje que yo acababa de realizar, fue como un balde de agua fría que me hizo darme cuenta de la realidad: la empatía, el respeto y la solidaridad son componentes del amor, y mi esposo estaba muy lejos de demostrarme ese tipo de emociones; de hecho, estaba furioso y no paraba de hacer comentarios sarcásticos que no voy a compartir aquí por respeto a Dios y a mis lectores, pero que me confirmaron que entre nosotros el amor brillaba por su ausencia.

Esa era la respuesta que Dios me estaba dando, pero yo necesitaba apoyo y orientación para poder discernir y dar el paso definitivo de mi divorcio. Entre otras cosas, cuando aceptamos llevar el ministerio, yo dejé mi trabajo formal para dedicarme por completo a las cosas de Dios, lo cual no hubiera sido posible de haber estado cumpliendo un horario de oficina; de hecho, mi trabajo pasó a ser el ministerio, sólo que ahora no tenía cómo hacerme cargo del pago de una renta y los demás gastos que implica el hogar...

Fue entonces cuando me contactó un grupo de personas que me habían conocido como Presidenta de la Sociedad de Padres de Familia en las escuelas de mis hijas, y que estaban creando un programa de apoyo sin fines de lucro a la comunidad latina:

-Silvia, se está creando esta organización y se necesita un "Community Host" que se encargue de hacer el trabajo de enlace y movilización comunitaria, que refiriera a las familias a diferentes recursos, que las oriente en el sistema público y les de mentoría familiar.

Creemos que eres perfecta para esa posición; ¿por qué no vas y aplicas?

La idea me encantó, así que fui y apliqué; nos hicieron un sinfín de exámenes, y los aprobé todos; yo estaba orando:

-Señor, tú sabes que yo tengo que sostener a mis hijas… Por favor, dame los medios…

El papá de mis hijas se enteró de que yo estaba aspirando a ese cargo, y vino a verme expresamente para desanimarme:

- ¿De verdad piensas que te van a dar ese trabajo? ¡Ni creas! Mal vas a estar; en silla de ruedas te voy a ver, y me vas a suplicar que te dé dinero, ¿y sabes qué? Yo me voy a burlar… ¡Te va a ir muy mal…!

Gracias a Dios, en ese momento yo supe que no podía darle crédito a ninguna palabra que él dijera en mi contra, porque al final, yo dependo de Dios. Sólo me quedé viéndolo y le respondí:

- ¡Wow! Lamento que me desees todo ese mal a mí, que soy la madre de tus hijas… Fíjate que yo no; yo te deseo que te vaya muy bien, que estés bien, que te encuentres a ti mismo realmente, que sepas dónde puedes caminar firmemente… Que seas feliz, y que Dios te provea mucho… ¿Sabes por qué? Porque eres el padre de mis hijas, y lo que a ti te pase lo van a sufrir o a disfrutar ellas, y yo amo demasiado a mis hijas para desearles ningún mal, ni siquiera a través de ti. ¡Que Dios te bendiga! Es lo único que te puedo decir…

A los pocos días supe que me habían escogido para el cargo, con beneficios para mí y para mis hijas, con un sueldo que me iba a dar la oportunidad de pagar una casa, vestido y sustento para ellas.

Para esa misma época empecé a desarrollar el programa de grupos de apoyo para casos de violencia doméstica en el marco de un proyecto llamado Mujer, Salud y Liderazgo, en Richmond, CA.

Nunca pesé que ese proyecto pudiera tener tanto éxito; en un año reuní a más de 675 mujeres que estaban padeciendo violencia doméstica, y logramos hacer grupos de apoyo para sacarlas a flote, porque la condición de la víctima también amerita una revisión: a veces tú puedes dejar de estar con el agresor, y aun así continuar viviendo en base a hábitos violentos propios.

Yo tenía a mi cargo la mentoría espiritual y emocional de estos grupos, y les diseñaba un plan para que ellos se acercaran a su fe, fuera cual fuera, pero usando bases bíblicas. Al final de cada proyecto, organizábamos una conferencia, y de ahí nació mi actividad como conferencista internacional: he dictado varias conferencias en México, sobre todo en el estado de Guanajuato, en Michoacán y en Morelia.

A pesar de que en ese momento yo estaba atribulada enfrentando algo tan devastador como un divorcio, el socializar, el escuchar, el tocar la vida de otros, también le dio sentido a la mía.

16
Dios tiene el control

"Hay que enseñarle a la mente a vivir en Victoria..."

Silvia Maldonado

Aun cuando obedezca a los motivos equivocados, nadie se casa pensando en una separación; por el contrario, todos lo hacemos con el secreto deseo de que las cosas funcionen. Tal vez lo más duro de un proceso de divorcio es el dolor de los inocentes, porque los hijos sufren lo indecible debido a las equivocaciones de los padres.

En mi caso, a pesar de que fui yo quien en su momento también tomé decisiones equivocadas y arrebatadas, las verdaderas consecuencias de mis acciones irresponsables, inmaduras y viscerales las estaba viendo ahora, 15 años después, cuando tuve que decirles a mis hijas:

- Mamá y papá ya no van a estar juntos...

Ver sus lágrimas y esa tristeza infinita en sus caritas fue un dolor tan grande que no se puede expresar con palabras, porque es el dolor de la culpa: nuestros hijos no pidieron venir a este mundo, ellos no escogieron a nuestras parejas, y sin embargo tienen que sufrir las consecuencias y los traumas que nuestra inconciencia provoca en sus vidas.

Sentí miedo, porque lo que vale no es lo que les ordenes a tus hijos, sino lo que ellos te vean hacer. El ejemplo arrastra, y mi temor era que se repitiera el ciclo en ellas, tal y como lo había vivido mi madre y como lo ahora lo vivía yo.

Lo generacional es importante, y lo divino viene también dentro de lo generacional; yo ya había entendido que mi matrimonio había estado condenado desde el principio; sin embargo, Dios me dio libertad de espíritu en el futuro de mis hijas. El día que mi hija mayor cumplió sus 15 años, mientras yo le hacía un peinado para su celebración, ella me dijo:

-Mamá, dos cosas sí te voy a decir: yo voy a llegar virgen al matrimonio, y no voy a casarme hasta realmente estar segura de que yo amo a esa persona...

Esas palabras, surgidas de la sinceridad de un corazón tan puro, fueron mi mayor alegría, pero al mismo tiempo me dolieron en el alma... Esa declaración me estaba indicando que mi hija estaba bendecida; que la maldición familiar de las relaciones tormentosas probablemente finalizaba en mí; era el mayor reconocimiento que yo hubiera podido esperar como madre, pero también me sentí cuestionada, como si mi hija estuviera diciéndome:

-Te equivocaste como mujer...

Entendí que debía aceptar con humildad mis errores, pero a pesar de todos los malos ejemplos, a pesar de la disfunción familiar que padecimos y de tantas cosas que tal vez nunca debieron presenciar, me sentí orgullosa y feliz al ver que mi hija no iba a tomar el mismo camino; ella iba a ser la brújula que iba a orientar a sus hermanas.

Finalmente, lo que yo sembré, lo que yo les enseñé, los valores que les infundí a mis hijas, estaban germinando en ese momento.

- ¡Wow! –pensé- Es una maravilla tener una relación con Dios, porque cuando analizas todas estas cosas, te puedes sonreír...

Vivimos tan superficialmente que no le damos el verdadero valor que tienen cada uno de los acontecimientos que experimentamos a cada minuto; desde que decidí que fuera Dios quien me guiara como madre y como mujer, puedo decir que me siento totalmente satisfecha y bendecida. Tomé la decisión de ser, de ocupar mi lugar, dejando que Dios sanara mis heridas y las de mis hijas; que fuera Dios su Padre Celestial.

En mi matrimonio no había nada que rescatar, pero a pesar de todo Dios nos había permitido procrear 3 hijas, que para mí, han sido los tesoros más grandes de mi vida y siempre lo serán; ellas son esos sarcófagos llenos de cosas maravillosas que nunca dejan de sorprenderme.

Dios puso ante mí a mi hija la mayor como un espejo en el que yo pudiera verme y comprender mi propia vida: una niña súper precoz, inteligente, muy obediente.

Con todos los pretextos que hoy tienen los jóvenes para meterse en drogas o andar haciendo locuras y luego meter en problemas a otros, sólo porque quieren mitigar sus rebeldías con o sin causa, ella en cambio entendió que había una ruptura en la vida de sus padres y de su familia, y tomó liderazgo con sus hermanas, aunque sin asumir el papel de mamá.

Hubo muchas personas que querían jalársela, pero ella se mantuvo firme:

- Mami, ¡me ofrecían drogas y otras cosas! Y en los momentos en los que yo más depresiva estaba… Me la daban gratis; pude haberla agarrado, pero yo decía ¡NO! Yo tengo que ser ejemplo.

Y todo porque cambió su perspectiva de sí misma como mujer, gracias a las decisiones que también yo tomé; vi en ella la mirada y el deseo que un día yo había sentido a su edad. En efecto, ella empezó a querer dar pasos parecidos, pero yo tuve que tomar decisiones distintas, pues no quería que ella pasara por lo que yo había pasado.

Con 15 años recién cumplidos, un día me dijo:

- Mamá… ¿Me das permiso de trabajar?

Y yo se lo permití; comenzó a trabajar después de la escuela, y siguió siendo excelente, juiciosa y generosa.

Yo tenía 36 años cuando me divorcié; como dicen por ahí, estaba en la segunda juventud, y pude haberme convertido en una de esas mujeres que andan de parranda en parranda o dándole bola al hilacho, con el pretexto de que ahora sí iba a vivir la vida loca.

Mucha gente me decía:

- ¡Hazlo, hazlo! Es que es tan sencillo... Es que deberías... Nadie se va a enterar... Pero yo les respondía:

-Si quieres, hazlo tú... Eso es tuyo, no mío; no es lo que Dios quiere que yo haga...

Aprendí muy bien mi lección; tanto, que ahora me espero hasta que Dios me ponga la luz verde, o me diga ¡*Aquí te paras* !

Seguí adelante con los eventos, seguí adelante con el programa de Latina Center, y dictando conferencias sin parar; estaba resolviendo tantas cosas, que nunca tenía tiempo; era una de las cosas que siempre me repetían:

-Silvia, es que tú tienes tiempo para todo, para todos, pero no tienes tiempo para ti. Date un espacio, vete a un parque, vete a comer... Ve a hacer algo para ti... Ve a comprar algo para ti, porque nunca tienes tiempo...

¡Y así era! No, no tenía tiempo.

En ese mismo momento, todas las organizaciones con las que estaba involucrada me mandaron a estudiar: me certifiqué en Child Development, y luego a través de Latina Center, tomé los cursos que Contra Costa College daba acerca de Family Development y Social Development. En las noches hacía de comer y dejaba todo listo para el día siguiente, y luego me ponía a estudiar y a hacer mis tareas; casi siempre me quedaba hasta la madrugada, y al día siguiente tenía que salir a trabajar.

Mis hijas lo vieron, lo vivieron: yo trabajaba, estudiaba y seguía adelante. Yo era de mi casa; sin embargo, mi divorcio no solo afectó a mis hijas, sino que también desilusionó a mis padres y a toda mi familia.

Mis padres me decían:

-Hubiéramos esperado un divorcio de tu hermana, pero no tuyo… ¡Después de que tú nos llevaste a las cosas del Señor!

En medio de tanta presión, yo debía mantener la cordura, pero en algunos momentos sentí que no lo lograría; muchos me señalaron por haber tomado esa decisión, y llegué a sentir tanto estrés y tanta presión, que de pronto me veía en un lugar y no sabía en dónde estaba.

-¿Qué hago aquí? Traigo unas llaves... ¿Y qué carro traigo?

Se había generado toda una campaña de descrédito y difamación en mi contra; por el hecho de haberme divorciado, de un momento a otro todas mis decisiones parecían equivocadas. Todos perdieron la confianza y la credibilidad en mí, pero yo no podía detenerme a dar explicaciones, porque mis hijas comían, mis hijas tenían que seguir adelante, y yo tenía que ver cada día y cada minuto de cada día cómo iba a establecer nuevas funciones familiares con ellas.

¡Oh sí! Fue fuerte: el plan es distinto para cada quién, aunque estés en el mismo núcleo, porque pueden estar 10 alumnos en un mismo salón, con un mismo maestro, recibiendo la misma información, y no todos van a aprender igual, no todos van a adquirir el mismo conocimiento, y no todos van a tener la misma fortaleza para poder aprender esa lección.

La vida es un salón de clases, donde el maestro es Dios y todos nosotros somos los alumnos; aunque estemos en una misma casa y seamos Martínez, Maldonado, Pérez, González o lo que sea, en ese núcleo familiar todos vamos a aprender de diferente forma. Yo escuchaba a mis padres y pensaba:

-Bueno, pues… °ni modo! Ellos no ven mi crecimiento, no ven las puertas que yo solita estoy abriéndome, con la ayuda de Dios…

Aprendí que el alimony o pensión alimenticia (también conocido como spousal support o maintenance), así como el child support o manutención infantil, si bien son iniciativas que intentan establecer responsabilidades con respecto a los hijos a la hora de una separación, también generan confusión, porque en cierta forma, los niños de parejas disfuncionales terminan convertidos en una especie de mercancía que los padres o las madres administran a su conveniencia, o al menos, eso es lo que se les inculca en sus pequeñas mentes y en sus corazones, cuando ven que todas las discusiones respecto a ellos giran en torno al dinero y cosas materiales.

Cuando a mí me tocó enfrentar esa realidad, yo me dije:

- ¡Esto no es! Y yo voy a cambiarlo, porque no es así... El mejor child support que le puedes dar a un niño es tu amor, tu atención, tu respeto por su integridad y por sus sentimientos... Esas cosas se dan por amor, no por obligación...

Yo no iba a poner a mis hijas en semejante situación; si su padre se ponía la mano en el corazón y asumía su rol, él solito iba a buscar los medios para cubrir los gastos y las necesidades de ellas, y si no, ellas solitas se iban a dar cuenta de cuál había sido la realidad con respecto a su padre. Decidí que el único y mejor child support que mis hijas iban a tener era el que Dios Padre les iba a proveer a través de su madre, y así fue.

Una vez más, declaro que el poder del dolor es muy importante, porque en mi vida he experimentado grandes conflictos, grandes pérdidas, grandes disfunciones en todas las áreas y en todas las etapas, pero precisamente ese dolor que yo he vivido es el poder que se ha levantado para crear en mí las fortalezas que hoy tengo, y que cada día se van incrementando, se van reforzando en esa presencia y en ese trabajo diario, porque obviamente se necesita tener una disciplina personal en tu área devocional, una voluntad de quererla desarrollar.

Por eso Dios te deja el albedrio: porque tienes que desearlo, tienes que quererlo, tienes que decidir que lo necesitas para que lo empieces a pronunciar, y cuando lo verbalizas es que pones la primera semillita de acción que necesita ese querer… Es entonces cuando las cosas empiezan a pasar.

Por eso, Dios dice en su palabra que la lengua que tenemos es el miembro más peligroso, pero también puede ser el más benéfico; todo dependerá de cómo y para qué lo uses.

Con tu lengua puedes incendiar bosques, pero también puedes traer grandes bendiciones, grandes aciertos con la gente. Por eso pensé:

-La mayoría de las personas usan su lengua para desacreditar, para hacer daño, para mentir, pero yo voy a usarla para crear, para edificar, para restaurar, para rehabilitar...

Dicen que el tiempo es tu mejor amigo, porque al final es el único que te muestra las verdades; cuando lo dejamos transcurrir, no hay nada que no caiga por su propio peso, en el momento perfecto.

El tiempo está diseñado para nosotros, pero le pertenece a Dios; cuando algo sucede en tu vida es porque llegó el tiempo perfecto, el que Dios escogió para hacerte crecer, para hacerte brillar en el poder que Él tiene para ti.

Así pasó conmigo, porque después de esa etapa en la que me empecé a liberar, vino el trabajo del condado. Se trataba de un programa de educación para madres, y por supuesto que todo lo que yo había aprendido acerca de Child Development me fue de gran utilidad.

Cuando hice el examen en Contra Costa quedé en uno de los escalafones más altos; empecé a trabajar y las cosas comenzaron a mejorar. Eso es algo que le agradezco a Dios, porque es Él quien me da su favor.

Para ese entonces yo seguía muy activa en la iglesia, trabajando con la comunidad en torno a la violencia doméstica, y en ese momento estaba dedicada a organizar uno de nuestros eventos.

Había logrado formar un excelente equipo, pero para que todo pudiera desarrollarse con éxito, había cosas que yo no podía delegar: enviar invitaciones al condado, sacar los permisos necesarios, hablar con la policía, hacer que todo alcanzara, enviar las cartas, sacar los permisos… Todo eso tenía que hacerlo yo personalmente, pero la verdad es me sentía muy cansada; estaba agotada, emocional mental, físicamente y espiritualmente.

Un aspecto que me tenía muy preocupada eran las actividades diseñadas especialmente para los hombres; lo ideal era que fueran organizadas igualmente por un caballero; alguien que comprendiera la forma masculina de pensar y de sentir. Necesitaba ayuda.

Una de mis colaboradoras me sugirió:

- Llama a mi hermano para que nos dé una mano con eso...

Él también era líder comunitario, involucrado con un programa específico para hombres; le hablé, y en efecto se mostró muy interesado; sin embargo, me indicó:

-Me gustaría que vinieras a una de las reuniones de nuestro comité y nos hicieras una presentación, porque yo soy solamente el secretario. La decisión de participar o no debe ser tomada por unanimidad.

-¡Perfecto! - le respondí.

Yo ya estaba separada, así que me fui con mis 3 niñas; mientras yo hacía mi presentación al comité ellas se quedaron comiendo taquitos en un restaurante que había enfrente.

Mi anfitrión estuvo muy pendiente de que yo estuviera cómoda, y hasta me trajo un café; era como si me hubiera leído el pensamiento.

Cuando fui por mis hijas, ya él había pagado la cuenta; eso me sorprendió, porque si acaso recordaba haberlo visto una o dos veces en toda mi vida, pero era la primera vez que nos conocíamos realmente, y aun así, él tuvo todos esos detalles… Era algo a lo que yo no estaba acostumbrada.

Sin embargo, yo me encontraba en medio de un montón de tribules; entre otras cosas, acababan de someter mi divorcio a la corte y estábamos esperando el fallo, pero según nos informaron, iba a demorar unos 3 meses. No podía perder mi foco.

Dos días después de realizar mi presentación, me habló el presidente del comité:

- Señora Silvia, quiero informarle que se decidió por unanimidad participar en su evento; es más: no se preocupe, que nosotros nos vamos a encargar de todos los servicios del área de varones. Lo único que le quiero pedir es que usted se encargue de tratar todo referente al evento directamente con nuestro secretario, y de esa manera evitaremos confusiones y cruce de información.

A mí también me pareció lo más sensato. El secretario y yo comenzamos a comunicarnos casi todos los días; algunas veces sólo podíamos conversar durante las noches, pues generalmente estábamos los dos muy ocupados; con el tiempo comenzamos a quedarnos platicando hasta la madrugada, pues además de las cosas del evento, comenzamos a compartir asuntos más personales; entre otras cosas, me enteré de que él estaba divorciado desde hacía varios años, y que había intentado algunas relaciones que no habían prosperado.

Era cristiano, y conocía de las cosas de Dios, pero también estaba consciente de la hipocresía de los hombres, y por eso no quiso ser pastor; era un ser humano bien genuino en su forma espiritual: amaba a Dios y tenía a Cristo en su corazón; fue líder de jóvenes en su congregación, pero como él mismo lo decía, no se consideraba un hombre religioso.

Gracias a Dios, el evento que realizamos juntos rebasó todas las expectativas y fue un rotundo éxito; mientras tanto, mi familia ya se estaba dando cuenta de que él y yo nos estábamos comunicando más de lo habitual, y eso comenzó a generarme muchos conflictos.

Las personas que me habían conocido casada con el padre de mis hijas no asimilaban que yo me hubiera divorciado, y mucho menos que estuviera iniciando tan pronto una nueva relación; a pesar de que no habíamos ido más allá de sus atenciones y de compartir una amistad en medio de los *ires* y *veniers* del trabajo, era evidente que habíamos desarrollado sentimientos mutuamente.

Nos hicimos novios, y estalló la bomba; en mi casa, mis padres me acorralaban:

-Silvia, es que no puede ser posible que tú vayas a empezar algo con éste... O sea, siendo tú tan brillante, ¿cómo es posible que te fijes en un hombre así, tan mundano? Tú estás para casarte con un pastor...

Así estuvimos durante aproximadamente 2 años, sin ser aceptados por nuestras respectivas familias; a mí me decían que yo andaba de loca, que era una necia y una egoísta, que lo que tenía que hacer era enfocarme en mis hijas.

Él era y sigue siendo un hombre serio y firme; también había sido lastimado, también tuvo su propia historia y también sufrió cosas que lo hicieron encerrarse dentro de una coraza muy fuerte, casi irrompible; sin embargo, quien conseguía traspasarla se encontraba con un noble y generoso corazón.

En todo ese proceso, aprendimos a conocernos; fue algo que hablamos con mucha franqueza desde el principio:

-Yo nunca voy a detener tu proceso; al contrario, voy a respetarlo siempre, del mismo modo que quiero que respetes el mío…

Él me conoció ejerciendo mi liderazgo, sabía que es algo que me define, y hasta el día de hoy, nunca ha intentado detenerme, pues está muy claro que sería inútil: lo que sea que Dios me determine a hacer para activar Su poder aquí en la tierra lo voy a hacer, porque no trabajo para mí, sino para Él; esas son las herramientas que me da para que yo pueda crecer y convertirme en un ser humano diferente.

En aquel entonces yo no estaba de acuerdo en la forma en que nos estaban juzgando y condenando, pero hoy en día, a la luz de los años, debo reconocer que, desde el punto de vista de la palabra, yo fui infiel en mi matrimonio, porque infidelidad no significa únicamente que tú te vayas a la cama con alguien que no es tu esposo; la infidelidad también se da cuando tú volteas tu mirada y tu corazón para otro lado mientras aún permaneces casada, aunque creas tener todas las causas y todas las razones a tu favor, y aunque te sientas la víctima.

A mí nunca me ha gustado hacerme víctima de nada, y mucho menos de mis propias decisiones; sin embargo, tampoco puedo vivir bajo la forma que el mundo quiera que yo viva, porque cada persona tiene su propio plan.

Considero que sí, cometí un error, y quiero enfatizar esto porque fue algo que yo misma decidí, y que no le recomendaría hoy en día a ninguna madre que esté atravesando por un proceso de separación: yo introduje muy pronto a esta nueva persona en la familia; realmente me precipité, y eso hizo que tanto mis hijas como mis padres lo rechazaran.

Esto es algo en lo que me gustaría insistir: mi decisión de rehacer mi vida al lado de un hombre virtuoso no fue equivocada; lo equivocado fue haberlo introducido en mi entorno afectivo cuando mi firma en el acta de mi divorcio aún estaba fresca.

Fue una etapa muy dura, pero esa es la libertad que te da el poder del dolor, porque cuando has superado todas esas pruebas es que logras llevar adelante tu propósito, contra viento y marea.

Mi nueva relación afectó mi liderazgo, pero no por él, sino porque a los ojos de todos, mis decisiones perdieron credibilidad; a nadie parecía importarle que yo siguiera creciendo, preparándome, e incluso, que yo me sintiera más feliz; nada de eso era valorado, y de guía espiritual me convertí en un abrir y cerrar de ojos en el peor de los ejemplos.

Afortunadamente, pude mantener mi equilibrio y me afiancé mucho más en las cosas de Dios; Él permitió que yo tuviera el apoyo de mi pastor y su esposa; ellos conocían aspectos de mi matrimonio que mis padres y mi familia no habían presenciado, y pudieron diferenciar espiritualmente una etapa de la otra.

Cuando alguien iba a decirles algo sobre mí, ellos inmediatamente respondían:

- Déjenla en paz…

A raíz de mi divorcio, el padre de mis hijas dejó sus funciones como pastor en nuestra iglesia, y en su lugar mi hermano tomó esa responsabilidad, pues él ya estaba recibiendo educación teológica y era el pastor de los jóvenes para ese momento.

Mi hermano había iniciado el movimiento para Jóvenes en Rehabilitación: un programa para apoyar desde adictos a substancias hasta soldados con traumas de post-guerra, pero enfocado desde la paciencia y el amor, porque no cabe duda de que hay programas muy buenos desde el punto de vista clínico y terapéutico, pero les falta precisamente esa pieza que necesitan las personas que viven en disfunción, que es el componente espiritual y emocional: gente que les comprenda, que se identifique con ellos, con sus sentimientos, con su corazón. Eso no te lo da ningún estudio ni conocimiento mundano; eso sólo te lo da Dios, te lo instruye Dios, y mi hermano estaba siendo un instrumento de Dios para esa restauración.

Mi ex esposo se había dedicado a desprestigiarme a los cuatro vientos; un día en que coincidimos en la iglesia, recuerdo que le dije:

- ¿Sabes qué? Tienes razón: tú no me engañaste; yo me quise engañar… Tú siempre me pusiste en frente a tus amantes, siempre las conocí… Yo te conocí así, mujeriego, y te doy toda la razón: nunca me has engañado; fui yo la que traté de cambiarte buscando un camino, una solución para tratar de redimir tu vida, y esa fue mi peor equivocación, porque yo no puedo hacer el trabajo que sólo Dios puede hacer…

La disfunción mental y social de las personas hace que el egoísmo y la vanidad tengan más fuerza que el amor a sus hijos, llegando al extremo de convertirlos en instrumentos para su venganza, usándolos para para dividir y hacerle daño a la persona que creen responsable de su propia mediocridad; por eso vemos tantos conflictos en torno al tema de los hijos en el contexto de los divorcios y las separaciones, porque dentro de sus vacíos personales, emocionales y mentales, esos hombres y mujeres no son capaces de ver más allá de sí mismos, y terminan convirtiendo a sus hijos en armas en contra de un supuesto enemigo, olvidando que Dios nos ha dado a todos el libre albedrío que nos hace responsables de todas nuestras decisiones, y también de nuestras omisiones.

Un día mi hija mayor, que ya tenía 17 años, me dijo:

-Mami, yo te he visto y yo reconozco que tú estás peleando por nosotros, y una de las cosas que siempre nos has enseñado es que la situación que pasó entre tú y mi papá fue entre ustedes, como hombre y mujer, pero no con nosotras. Tú nunca nos has dado un mal ejemplo; nunca has sido una mujer que ha estado de cama en cama, de relación en relación... A ti te honro y te admiro, pero te pido que comprendas que yo no puedo odiar a mi papá...

En ese momento me vi reflejada en ella, en la forma como yo pensaba antes de caer en rebeldía; yo también veía la bondad de mi papá, sabía que fuera del alcohol era un magnifico se humano, y yo también quise creer en él y apoyarlo; también busqué ayuda para él, hasta que finalmente llegué a Cristo y supe que ahí estaba la fuerza, el recurso que tanto estaba necesitando.

Me senté junto a ella y le respondí:

- Hija, yo no puedo impedir que cumplas con lo que yo misma te he enseñado; tengo que defender ese principio, y estoy de acuerdo contigo. Tú quieres honrar a Dios a través de tu padre, y yo lo entiendo; no esperaba menos de ti y me siento muy orgullosa de ver tu sabiduría y la nobleza de tu corazón... Pero prométeme que nunca vas a permitir que sus decisiones inconscientes te hagan daño, porque ahí sí que voy a intervenir como una leona, pues por algo soy tu mamá, y por algo Dios me ha puesto donde estoy.

Tal vez yo sí comencé muy pronto mi nueva relación, pero con el tiempo nuestras acciones se convirtieron en las pruebas que necesitaba mi familia para volver a darnos su respeto y credibilidad; después de años de disensión, de juicio, de condena, aquí estamos: felices, juntos y con una estabilidad.

Todo lo mejor de ti es nada cuando haces algo que para los demás no es lo correcto, cuando tomas una decisión que va en contra de sus egos, de sus vanidades, de sus principios, de sus valores, cuando quieres romper con los patrones. Es entonces cuando comprendes que solamente debes depender de Dios.

En este sentido, yo comprobé la importancia de alcanzar un balance entre los 3 componentes del ser humano: el cuerpo, la mente y el espíritu. Todos vamos a pasar por distintos procesos: no todo el mundo va a hacer siempre lo correcto, pero tampoco todo el mundo va a hacer siempre lo incorrecto; insisto: el buen testimonio termina, y el malo también; todo tiene un tiempo de caducidad, excepto la relación que decidas tener con tu ser espiritual, con Dios, con tu Señor.

¿Qué quieres crear? ¿Qué quieres ser? ¿En qué te quiere empoderar? ¿Cómo te van a recordar si hoy te vas de esta tierra? ¿Cómo quieres desarrollarte? ¿Cómo quieres crecer? ¿Qué pensamientos quieres tener? ¿Hacia dónde quieres enfocar tu energía para seguir creciendo?

Esas son preguntas clave; decisiones que ni tu madre, ni tu padre, ni tus hijos, ni tus hermanos, ni siquiera tu pareja, van a tomar por ti. Eso sólo lo hace tu determinación propia, porque al final, puedes incluso resultar condenado y enjuiciado por quienes hasta cierto punto han sido partícipes de esas mismas disfunciones. Volvemos a lo mismo: se trata de un ciclo que alguien tiene que romper.

Yo no pedí venir al mundo como hija de un padre alcohólico; yo no pedí ser testigo de la violencia que había en mi hogar, pero luego yo misma busqué mi propio camino equivocado, mi propio desierto, al tomar la decisión de casarme con el primero que pasara, y luego cuando decidí esperar, cuando quise ser yo la que purgara a ese ser humano, porque Dios me lo dijo muy claro:

-No tomes mi lugar; ese no es el propósito que tengo para ti...

Fue una gran equivocación de mi parte estirar mi paciencia y mi sensibilidad espiritual y emocional, al grado de haberme internado en una relación cuando mi divorcio estaba aún tan reciente; hoy sé que debí haber sido más prudente para haber vislumbrado un camino de aceptación y tranquilidad, pues ningún hijo va a aceptar nunca al 100% la división entre sus padres, porque se trata de su hogar.

A lo largo de todo este proceso, surgió un espacio de convivencia en mi nueva relación que era totalmente nuevo para mí, y que tenía que ver con el hecho de sentirme verdaderamente acompañada por un hombre que sí estaba claro en los roles que Dios nos ha asignado. Fue tremendo, pero a lo largo de ese aprendizaje empezamos a trabajar juntos, en armonía; nadie lo veía, nadie lo sabía, pero él me imponía las manos y oraba por mí.

Simplemente, dejé que el tiempo hiciera su trabajo; yo no necesitaba pelear para que el mundo aceptara una decisión que yo ya había tomado, y que por sus frutos sabía que no iba en contra de los designios de Dios.

Hasta el día de hoy, 13 años después, Su gracia nos sigue acompañando…

III

EL PODER DEL DOLOR

─────◦❮❀❯◦─────

Me ha tomado muchos años, infinidad de procesos, enormes cambios, fuertes circunstancias, pequeños momentos, grandiosos días y poderosos segundos de mi existencia llegar a este instante en el que mi mente, cuerpo y espíritu están conectados en un mismo sentir.

Eso me ha hecho responder de forma madura ante cada etapa de mi vida, impactando en todos mis roles: como madre, como hija, como esposa, como hermana, y como prójimo, ya que cada circunstancia de dolor que reta mis convicciones, mis valores y principios, ha empoderado y transformado mi Escencia de mujer.

He crecido y he obtenido la Victoria en muchas de esas circunstancias, usando la fórmula invisible que todo ser humano debería descubrir, que no es otra sino encontrar el balance en medio del dolor y de la angustia, arrebatando una *a una las bendiciones que nos pertenecen; eso me ha dotado de un corazón sensible, dándome la oportunidad de vivir en una Libertad Digna, en una Convicción Irreversible, en una Experiencia Verdadera y Única con Dios.*

¿Que es sencillo? ¡No! Nada de eso; por el contrario, cada día hay una tarea que realizar, una meta que alcanzar para obtener esa libertad mental, emocional, académica, física, financiera y espiritual.

He descubierto que el poder del dolor es una plataforma donde la determinación y el valor se convierten en la herramienta más hábil, más ágil y más abierta para ser utilizada en pro de nuestro bienestar y el de todas las personas que nos rodean; he podido comprender que en mi llamado y propósito se encuentra el servir a mis semejantes y alzar mi voz para hacer conciencia de que es tiempo de rescatar esos valores y principios que toda familia y todo ser humano necesitan, para crear y enseñar resiliencia, para sembrar las semillas genuinas del amor, de la compasión, de la verdad, de la educación, de la fe, de la integración social y familiar .

El mundo ha decaído porque hemos abandonado las virtudes más importantes del ser humano, y normalmente esto ocurre en los desiertos secos del dolor, de la pérdida, de la angustia; porque dentro de nuestras desesperantes etapas erramos nuestras respuestas a esas circunstancias. Es de vital importancia que como seres humanos estemos en constante reflexión acerca de las 3 piezas más importantes del rompecabezas de nuestra existencia: mente, cuerpo y espíritu; esto nos lleva a alcanzar el equilibrio y balance que sólo el dolor empodera en nosotros, porque finalmente, lo que te duele no te mata, pero sí te hace más fuerte o más débil, según lo elijas.

El área espiritual del ser humano es una de las más complejas y huérfanas de nuestra existencia; normalmente relacionamos lo espiritual con la religión, pero en realidad son dos cosas muy distintas; la religión separa al hombre de Dios, mientras que la relación personal y profunda con Dios nos otorga identidad espiritual, guiándonos hacia una verdad que el mundo jamás nos revelará, pero que Dios en su gran amor y gracia sí lo hace, sin importar el nivel espiritual en que nos encontremos, y aun cuando no creamos en Él.

En mi experiencia de Dios, conocer Su carácter, refugiarme en la virtud de Su amor y restauración, y *descubrir el propósito con el cual Él me hizo nacer, me ha dado la oportunidad de discernir que el dolor de nuestra vida es un terreno de entrenamiento y de determinaciones en el que no estamos solos, porque Él nos sale al encuentro y nos guía de manera perfecta y milagrosa hacia caminos de justicia y bienestar.*

Cada persona tiene una historia, y a través de estos retazos de mi vida deseo crear empatía e involucrarme en esos sentimientos y pensamientos de pérdida que dejan las etapas de dolor; ése es el combustible que dirige, para bien o para mal, las circunstancias de un determinado momento, pero al finalizar te das cuenta de que eso te ha hecho cambiar: has perdido unas cosas, pero has ganado otras.

El dolor tiene el poder de hacernos evolucionar...

El dolor es una realidad de la cual no podemos huir, pero sí podemos desechar lo malo y tomar lo bueno que nos enseña, para nuestro beneficio y el beneficio de quienes nos rodean...

El dolor tiene el poder de dar a luz las mejores virtudes del corazón del ser humano...

En última instancia, el dolor puede ser un precio a pagar por defender tu dignidad, por defender tus valores y principios, o al contrario, por ponerlos en riesgo.

Hoy por hoy, vivimos en un mundo ciego, rebelde, donde nadie quiere pagar el precio del dolor para construir matrimonios sólidos, hijos sanos mental, física y espiritualmente; donde nadie quiere servir a través de un Liderazgo Transformacional...

A eso se debe la decadencia del bienestar en nuestras comunidades.

A lo largo del tiempo he podido comprobar que al dolor también se le conquista, porque aunque es pasajero, sus resultados son permanentes y hasta eternos.

Dios no creó robots; Dios creó al hombre y a la mujer como seres humanos, con virtudes establecidas en el amor, el respeto, la dignidad y la belleza.

No hay un momento más profundo y significativo que aquel en el que descubrimos que Dios nunca nos ha dejado, ni al principio, ni en el medio, ni al final del dolor, sino que al contrario, siempre ha estado a nuestro lado, para fortalecernos, para consolarnos, para revelarnos, para salvarnos, para darnos el discernimiento de su Espíritu y hacernos entender que el dolor nos impulsa a vencer nuestras limitaciones, a reparar nuestra alma y a transformar nuestras decisiones.

Crecer es un proceso de todos los días, y todos los días tenemos que enfrentarnos a diferentes clases de dolor, porque implica dolor estudiar, implica dolor resolver los conflictos de nuestra vida, implica dolor luchar por alcanzar nuestras metas, implica dolor nacer, crecer, triunfar y fracasar, implica dolor vivir y morir.

No le temas al dolor, porque en él se encuentra el poder, el balance y el equilibrio que necesitas para vivir en Victoria...

ACERCA DE LA AUTORA: SILVIA MALDONADO

Hija de padres mexicanos nacida en los Estados Unidos, criada y educada por 20 años en México y residenciada desde hace 27 años en su país natal, Silvia Maldonado (Alameda-California, 1971) es, hoy por hoy, una mujer de una profunda sensibilidad que desborda en su misión de vida.

El haber crecido entre dos culturas y tradiciones, así como el recibir educación académica en ambos países, y sobre todo el haber sido formada y educada en principios y valores fundamentales, tradicionales y familiares, han nutrido su VOCACION NATURAL, enfocada hacia los asuntos espirituales, humanos y sociales.

Ha servido profesionalmente a la comunidad de Contra Costa County por más de 15 años como

Especialista Comunitaria y Mentora en Desarrollo Familiar y Social, diseñando y conduciendo programas de Prevención y Detección De Abuso Infantil, Negligencia y Violencia Doméstica.

Ofrece educación y apoyo para padres en Funciones Familiares y Sociales, Educación Prenatal, Postparto Y Desarrollo Infantil, a través de un programa de visitas en los hogares, y colabora en la formación de Grupos de Apoyo para Mujeres y Familias en Bases Bíblicas y Sociales.

Desde hace 23 años es Líder Comunitaria y Servidora Voluntaria en la comunidad de Contra Costa County, desarrollando, coordinando, organizando proyectos y eventos de Desarrollo Social y Familiar y de Movilización Latina a través de Centros Comunitarios.

Como Conferencista Motivacional, de Crecimiento Personal e Inspiracional, comparte sus ideas de manera presencial y/o virtual en español para Centros Comunitarios y Organizaciones sin Fines de Lucro en USA, México, Argentina, Chile y Perú.

En su primer libro titulado "El Poder del Dolor Es Bello", Silvia Maldonado desea sembrar semillas de restauración, de restitución, de transformación, de ESPERANZA y de FE, que impulsen a cada persona y a cada familia a enfrentar las adversidades y los fracasos con RESILIENCIA, descubriendo en ello EL PODER DEL DOLOR, QUE NOS HACE OBTENER Y VIVIR EN VICTORIA.

www.ingramcontent.com/pod-product-compliance
Lightning Source LLC
Chambersburg PA
CBHW021222090426
42740CB00006B/329